Herbert „Funki" Feurer Peter Linden

Rot-weiß-rote Fußball „Wuchteln"

Heitere Geschichten hinter den Kulissen des österreichischen Fußballs

Herbert „Funki" Feurer

Peter Linden

Rot-weiß-rote Fußball „Wuchteln"

Heitere Geschichten hinter den Kulissen des österreichischen Fußballs

LIEBE FUSSBALL-FANS!

So sah ich nach meinem ersten Buch aus! Als Autor hatte ich gleich beim Debüt mehr Angriffe abzuwehren als in meiner aktiven Zeit zwischen den Pfosten. Vor fast genau einem Jahr servierte ich die Rapid-Wuchteln. Nur geschmeckt haben sie scheinbar nicht allen, wie die Bilder hier eindeutig beweisen ...

Ich habe den Fußball-Freunden einen lustigen Einblick hinter die Kulissen der Fußballszene und abseits des Rasens geboten, heitere Geschichten rund um das Leder erzählt. Beschränkte ich mich im Vorjahr nur auf Rapid, so schiebe ich die Wuchteln beim zweiten Versuch österreichweit. Ohne Ausnahme. Weder Namen noch Bundesländer bleiben dabei verschont. Die heitere Wahrheit muss ans Tageslicht! Rot-weiß-rote Fußball-Größen von einst und jetzt, die größten Schmähbrüder der Szene kommen zu Wort.

Und wieder konnte ich Österreichs wohl bestinformierten Fußball-Journalisten, Peter Linden, für dieses Werk gewinnen. Die Zusammenarbeit beim ersten Buch hat sich absolut bewährt. Nur bedurfte es jetzt unglaublicher Überredungskunst, da er sich als Neo-Bestseller-Autor und nach Seitensprüngen in Richtung Hannes Kartnig anfänglich noch etwas zierte.

Zur Illustration gibt's wieder viele Karikaturen von Hubert Schorn sowie einige lustige Bilder, zum Teil aus bisher ungeöffneten Privatarchiven.

Ich wünsche Ihnen viel Spaß und gute Unterhaltung bei unvergleichlichen Stories und „Mörder-Wuchteln". Ein guter Tipp: Betrachten sie den heimischen Fußball auf den kommenden Seiten einmal nur mit einem Schmunzeln, ganz ohne Ärger.

Ihr/Euer

Herbert „Funki" Feurer

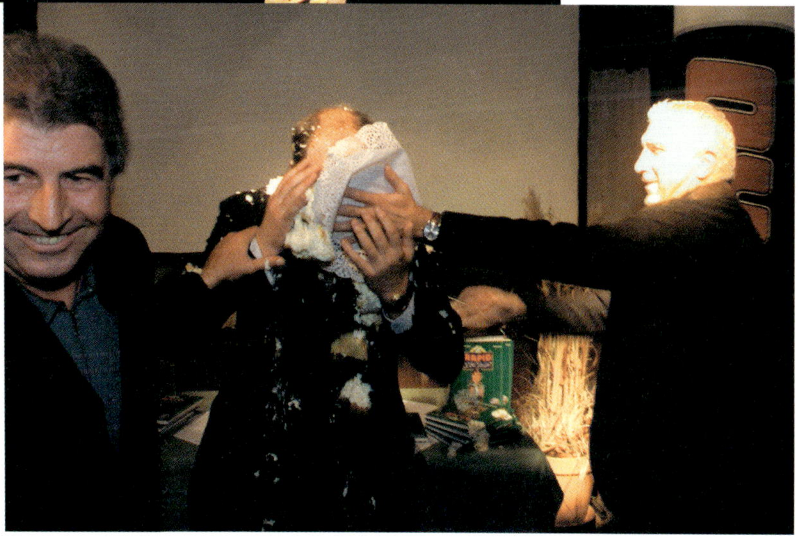

Impressum:

Herausgeber: Herbert Feurer

Für den Inhalt verantwortlich: Herbert Feurer, Peter Linden

Gestaltung: Manfred Ergott

Gesamtherstellung: Druckerei Oskar Buschek, Bahnhofstraße 28, 3830 Waidhofen an der Thaya

Bindung: G & G Buchbinderei, 2020 Hollabrunn

Bildnachweis: siehe Seite 168

1. Auflage 2001

WISO BUCHVERTRIEB GmbH

ISBN 3-902239-00-X

INHALT:

BUCHE, EICHE ODER WEICHHOLZKLASSE

LUSTIG ging es im Fußball immer zu. Nur passierten früher auch Dinge, die man sich heutzutage kaum noch vorstellen kann, die es auch jetzt nicht mehr geben wird. Etwa, dass ein aktiver Spieler die Vorstandssitzungen seines Klubs abhört. Das gelang dem legendären Abwehrrecken und späteren Sektionsleiter Rudi Röckl zu seiner Vienna-Zeit. Er installierte ein „Mikrofon" im offenen Kamin des alten Vienna-Sekretariats, saß derweil am Parkplatz in seinem Auto, hörte alle geheimen oder geheimsten Beratungen mit. Meist informierte Rudi „Eisenhart" auch Zeitungen, bevorzugt den damaligen „Express", der zweimal pro Tag erschien. Und beobachtete mit diebischer Freude, wie seine Abhöraktionen zu wüsten Beschuldigungen innerhalb des Vorstands führten. Einer bezichtigte den anderen des Vertrauensbruchs – Rücktritte folgten. Und keiner ahnte etwas von der „Wanze" im Kamin ...

LEGENDÄR waren auch die langen Zugfahrten zur damaligen Zeit. 30 Stunden unterwegs auf Tournee oder sogar noch mehr – wer würde das heute noch auf sich nehmen? Das führte zu verrückten Aktionen. Etwa bei Simmering, damals nicht wie heute nur in der Wiener Liga, sondern in der obersten Spielklasse. Damals konnte man im Zug noch die Fenster zur Gänze runterlassen. Das passierte bei Simmering auch zu dem Zweck, um bei hohem Tempo leer getrunkene Flaschen aus dem Zug zu schmeißen. Dem damaligen Trainer Hans Hofstätter passierte es einmal, dass er glaubte, das Fenster sei offen – ein Irrtum. Er schmiss die Flasche mitten ins Fenster – das Abteil war von Scherben übersät..

CHEF BEI SIMMERING zu dieser Zeit war der spätere Teamchef Josef Argauer. Er führte ein hartes Regiment, wurde respektvoll „Chef" gerufen. Für die Heimspiele ordnete er immer rusti-

Erinnert sich auch heute mit 90 noch gerne an die alten Simmering-Zeiten: Josef Argauer, in den Fünfzigerjahren ein strenger Chef, bei der WM 1958 dann sogar Österreichs Teamchef.

kale Härte an. Die Marschroute hieß: *„Wer steht, der liegt. Anders geht's net!"* Wenn der Chef etwas wollte, parierten die Spieler. Als er auf der langen Fahrt quer durch Italien bei einem Stopp befahl: *„Schaut's raus, wo wir sind"*, kam die Antwort: *„Chef, wir sind in Ristorante!"* Beim nächsten Stopp die gleiche Frage! Und die Antwort: *„Chef, des gibt's net. Wir fahren da im Kreis. Wir sind schon wieder in Ristorante!"* Dass es in Italien in jedem Bahnhof ein „Ristorante" gab, hatte sich noch nicht bis Simmering herumgesprochen. Das Spiel wiederholte sich in Frankreich mit dem Namen „Sortie". Jeder Bahnhof hat einen Ausgang ...

GEFAHREN wurde nicht im reservierten Salonwagen. Keine Rede davon. Höchstens zweite Klasse, meist aber gar nur die harten Holzbänke der dritten – mehr ging nicht. Bei Argauer hieß das „Buche, Eiche". Beim Sportklub wurde das hingegen „Weichholzklasse" genannt. Über 70 Stunden bis in den hohen Norden nach Narvik oder in den Süden bis Gibraltar. Wie die Liegeordnung war, hat der ehemalige Flügelflitzer Max Horak noch fast fünfzig Jahre später nicht vergessen: Die Nobelliegen waren die zwei Bänke. Die Seesäcke wurden zusammengestellt – so schliefen zwei zwischen den Bänken. Zwei lagen oben im Gepäcksnetz, darunter immer die mit Schweißfüßen, die sie selbst im Winter aus dem Fenster raushängen lassen mussten („das ist authentisch"). Zwei warteten am Gang, da nur sechs in einem Abteil Platz zum Schlafen hatten. Nach drei Stunden war immer Wechsel. Die mit den Schweißfüßen blieben entweder im Gepäcksnetz oder am Gang.

LEGENDÄR auch die Reiseerlebnisse der Vienna. Die fuhr einmal Mitte der Sechzigerjahre mit dem Zug zu einem Mitropacupspiel gegen Fiorentina nach Florenz. Im Bahnhof von Venedig war halbstündiger Aufenthalt. Die Spieler vertraten sich am Bahnsteig die Beine, Sturmtank Horst Nemec stand plötzlich neben dem Zugsleiter. Schnappte sich dessen Mikrofon. Und alle Italiener schauten ratlos, verwirrt oder auch leicht panisch drein, als sie plötzlich aus dem Lautsprecher eine fremde Sprache hörten. Denn Nemec plärrte ins Mikrofon, so wie man es damals beim Umsteigen auf manchen Stationen der Wiener Stadtbahn hörte: „Achtung, Achtung, alles aussteigen, Zug fährt Heiligenstadt!". Von Venedig nach Heiligenstadt statt nach Florenz ...

NEMEC spielte auch eine Rolle bei Vienna-Aufregungen in Südamerika. Trotz Abstieg im Sommer 1968 bekam Wiens ältester Fußballklub im Winter darauf als Herbstmeister der Regionalliga Ost eine Südamerikatournee vermittelt. Als Attraktion verkaufte der windige Manager Österreichs berühmten Teamstürmer Nemec. Dass sich der schon 1965 mit seinem 29. Länderspiel aus der Nationalmannschaft verabschiedet hatte, verschwieg der Manager. Ebenso die Tatsache, dass die Vienna nur in der Regionalliga Erster war – er pries die Blau-Gelben als Tabellenführer der obersten Klasse an. Die Vienna kam ohne Nemec, inzwischen 110 Kilo schwer, nach Ekuador – die Entrüstung war groß, als die angekündigte Attraktion fehlte. Also musste Nemec nachfliegen – als er dann spielte, legte sich der Ärger kaum. Im Gegenteil. Man wunderte sich über seine

Egal ob im blau-gelben Trainingsanzug (oben links) oder in Zivil auf der Pfarrwiese in Hütteldorf neben Ernst Happel: Ganz austrainiert wirkte der ehemalige Teamstürmer Horst Nemec am Ende seiner Karriere zu Vienna-Zeiten nicht mehr. Aber in Südamerika war er noch immer ein Begriff – daher musste er trotz mehr als 110 Kilogramm zu einer Südamerikatournee von Wiens ältestem Fußballklub nachfliegen. Leider scherte sich Nemec nach seiner aktiven Zeit zu wenig um Fitness und Gesundheit – er starb schon 1984. Gerade in der Zeit, als die Olympischen Spiele von Los Angeles die Sportwelt beherrschten.

Figur. Nach vier Partien war der Schwindel aufgeflogen, auch in Ekuador bekannt, dass die Vienna inzwischen nur zweitklassig war. Auf einmal standen die Spieler ohne Flugtickets zurück nach Europa da – abgenommen! Erst mit Hilfe der österreichischen Botschaft gelang die Heimkehr ...

UNÜBERTROFFEN Anfang der Siebzigerjahre eine andere Reise der Vienna: zum Mitropacup nach Florenz. Hin mit dem Flugzeug nach Pisa, vor dem „Stadio Communale" in Florenz stand die Vienna aber vor verschlossenen Toren. Die Fiorentina-Funktionäre machten große Augen. So unter dem Motto: *„Euch haben wir nicht erwartet!"* Des Rätsels Lösung: Im Vienna-Sekretariat hatte man sich im Termin verschaut. Das Match fand erst eine Woche später statt. So ging's gleich mit dem Zug zurück nach Wien. Zehn Stunden lang. Mit fluchenden Spielern ...

Etwas ähnliches war dem Sportklub schon viel früher passiert. In Afrika!

FUSSBAD IM MOULIN ROUGE

WEIHNACHTEN 1954: Tournee des Sportklubs nach Marokko – mit einem Engagement bei einem Klub, den es gar nicht mehr gab. Mit dem Schiff waren die Dornbacher von Genua nach Gibraltar unterwegs. Aber das kam in einen schweren Sturm – Verspätung. Daher wurde das Flugzeug nach Tanger versäumt. Also auch mit dem Schiff von Gibraltar nach Tanger – dort bekam die ganze Mannschaft aber am Heiligen Abend nur zwei Hotelzimmer. Originalton Max Horak: *„Wie wir in der Früh wach wurden, standen die Betten zehn Zentimeter weiter. Weil so viele Wanzen waren! Das Ungeziefer hat uns die Betten verschleppt!"* Um noch rechtzeitig zum Match nach Casablanca zu kommen, wurden zwei Taxis angeheuert. Knapp vor Casablanca hatte ein

Als Schützenkönig beim Sportklub durfte Max Horak (im linken Bild obere Reihe rechts) die Füße in Champagner baden – und er kam auch zu Teamehren. Noch Jahre später war er bei „Oldie-Spielen" für seine Haken und den direkten Zug zum Tor „berüchtigt".

Auto eine Panne. Das noch einsatzfähige Taxi musste das defekte bis Casablanca anschieben – das gelang zwar, kostete aber viel Zeit. Und so versäumte der Sportklub ein Spiel, entgingen ihm rund 100.000 Schilling Gage. Damals enorm viel Geld, von dem der Sportklub abhängig war.
Von Casablanca ging's mit Zug und Taxi sowie einigen weiteren Hindernissen zurück in den Norden nach Ceuta. Wieder ins Hotel – am nächsten Tag die Frage: Wo ist hier der Fußballplatz? Lange Gesichter bei der Antwort: *„Wir haben ja keinen Verein mehr!"* Leichte Panik, denn die Geldreserven des Sportklubs waren längst verbraucht. Der Hotelier kassierte das komplette Gepäck – also musste nach Gibraltar ein Hilferuf um Geld telegrafiert werden. Dort war nämlich das nächste Match angesetzt. Das Geld kam – aber der Sportklub hatte das zweifelhafte Vergnügen, als erster Klub in eine Stadt zu fahren, in der es keinen Klub mehr gab.
Aber solche Erlebnisse können aus einer Mannschaft eine verschworene Einheit machen. Horak: *„Die Kameradschaft war nirgends so gut wie beim Sportklub und bei Wacker!"* Noch heute treffen sich die Sportklub-Spieler von damals viermal pro Jahr, um sich Schnurren aus vergangenen Zeiten zu erzählen, sich weiter am Schmäh zu halten. Der ging im Laufe der Zeit nicht verloren. Und darum antwortete der lange Pepi Hamerl 2001 auf die Frage, ob der unerschrockene Flügelflitzer Horak auch ein guter Techniker gewesen sei, ganz präzis: *„Er war Rechtsaußen, ich Linksverbinder, also gut dreißig Meter entfernt. Wenn er von rechts einen Haken in die Mitte machte, stand er schon neben mir!"* ...

ABER TROTZ 30-METER-HAKEN hatte Max Horak so seine Qualitäten. Als der Sportklub in der Saison 1957/58 Meister wurde (am 7. Oktober 1958 folgte dann der legendäre 7:0-Europacuptriumph über Juventus Turin im Wiener Stadion, bei dem die Sturmreihe Horak-Knoll-Erich Hof-Hamerl-Skerlan die Italiener schwindlig spielte), versprach der damalige Obmann Müller (ein Bankier) Horak für jedes erzielte Tor eine Extraprämie von 200 Schilling. Horak erzielte 35 Treffer, wurde Schützenkönig, bekam 7000 Schilling Extraprämie – für den Meistertitel gab's zweitausend weniger. Müller lud Horak trotzdem noch auf einen feuchtfröhlichen Abend in die Innenstadt ein – ins Moulin Rouge in der Walfischgasse. Dort sollte er auf Müllers Wunsch auf der Bühne inmitten der attraktiven Tänzerinnen seine Füße in Champagner baden. Gesagt, getan. Das war ein rauschendes Fest – der schon verstorbene Wiener Fotograf Hans Vincurek trank dann aus dem Lavoir, in dem die Füße gebadet wurden, den ganzen Champagner aus. Wahrscheinlich tauchten auch deshalb nie Fotos vom berühmtesten Fußbad in der Klubgeschichte der Dornbacher auf. Irgendwann und irgendwo an diesem Abend ging Vincurek die Kamera verloren ...
Horak verließ 1960 den Sportklub, Hamerl blieb fünf Jahre länger. Obwohl er sich in den Jahren vor dem Abschied mit seinem Trainer nicht gut verstand. Das war der ehemalige Teamchef Karl Decker – auch die Mitspieler ärgerte oft, dass Decker den langen Hamerl karniefelte. Einmal bei einem Spiel des damaligen Messestädtecups in Leipzig kündigte Decker von der Betreuerbank Hamerl an, ihn demnachst auszutauschen

da dachte sich Hamerl: *„Na, das schaffst du sicher nicht!"* An der Mittellinie schnappte er sich den Ball, Solo an fünf Leipziger Spielern vorbei – Führungstor für den Sportklub. Wenig später folgte das zweite spektakuläre Hamerl-Tor, worauf er zur Betreuerbank lief und Decker anbrüllte: *„So, jetzt kannst mich austauschen!"*

Als es in der **SAISON 1964/65** nur den enttäuschenden vierten Platz gab, wurde beim Sportklub der große Umbau propagiert. Die älteren Spieler wie Hamerl weg, auch Decker sollte gehen. Hamerl verhandelte mit Kapfenberg, war mit den Steirern bereits einig, als plötzlich Decker zu ihm kam: *„Pepi, jetzt bist wieder so gut in Form gekommen. Ich hab' geglaubt, du wirst mit mir nach Innsbruck gehen!"* Dass Decker nie Innsbruck-Trainer wurde, ist nebensächlich. Denn aus Hamerl platzte daraufhin sein aufgestauter Ärger heraus. Er sagte Decker klipp und klar: *„Von mir aus können Sie Trainer in Djibouti werden, ich geh' nach Kapfenberg!"*. Djibouti liegt im nordöstlichen Afrika, am Golf von Aden. Kapfenberg ist 142 Kilometer von Wien entfernt ...

Von seinem Trainer Karl Decker (oben) hatte Sportklubs Linksverbinder Pepi Hamerl (rechts) am Ende genug – da ging er lieber nach Kapfenberg, als sich weiter von Decker ärgern zu lassen.

ZIELRICHTER ERNST HAPPEL

MAX HORAK gehörte auch zu Österreichs Aufgebot für die WM 1958 in Schweden, die vier Jahre nach Platz drei in der Schweiz mit einer Riesenenttäuschung, mit zwei Niederlagen und einem 2:2 gegen England, enden sollte. Schon die Auslosung mit den schweren Brocken Brasilien, UdSSR und England ließ nichts Gutes erahnen, aber dann kamen noch hausgemachte Probleme dazu. Schon vorher sagten einige wichtige Spieler dem Betreuerduo Pepi Argauer und Josef Molzer ab – so Ernst Ocwirk, Turl Wagner und Erich Hof. Den konnte auch sein Freund Horak nicht überreden, den Rücktritt vom Rücktritt zu nehmen: *„In Wahrheit waren's fadenscheinige Gründe, er wollte nur bei seiner neuen Freundin bleiben!"*

DAS NÄCHSTE KURIOSUM: Aus Kostengründen verzichtete Österreich darauf, sein Spielerkontingent voll auszuschöpfen. Nicht die erlaubten 22 wurden aufgeboten, sondern vier weniger. Anfangs sollten es noch 19 Spieler sein – doch nach einem Vorbereitungsspiel in Amsterdam wurde Pepi Hamerl wieder heimgeschickt. Offiziell wegen Verletzung. Zuerst hieß es, Sturmtank Robert Dienst werde statt Hamerl nach Schweden fliegen, doch dann kam die Assistentin von Teamarzt Robert Jelinek namens Helga ...

DAMIT NICHT GENUG. Nach der 0:3-Startniederlage gegen Brasilien sprach der bereits verstorbene Walter Schleger so schlecht über einige Mitspieler, dass er intern eliminiert und nicht mehr eingesetzt wurde. Also waren es nur noch siebzehn Spieler. Horak: *„Unglaublich, alle anderen Mannschaften kamen mit 22 Mann. Sogar die Indianer aus Paraguay!"* Davon war einer gar nicht fit – Tormann Kurt Schmied, der Held der WM 1954, war nach einer Blinddarmoperation noch gar nicht wieder richtig in der Lage, sich wie „normal" zu bewegen, nach den Bällen zu hechten. Da konnten weder der Teamarzt noch seine Assistentin helfen – trotzdem wurde Schmied einmal eingesetzt.

Und zwar beim 0:2 gegen die UdSSR, die zuvor von Molzer beobachtet worden war. Er hatte zuvor nicht Österreichs 0:3-Startniederlage gegen Brasilien gesehen, sondern beim 2:2 zwischen der UdSSR und England spioniert. Und er berichtete in einer Mannschaftsbesprechung wahre Wunderdinge über die sowjetischen Kicker: *„Sinnlos gegen die zu spielen. Die greifen mit sieben Mann an, verteidigen mit acht, schießen wie die Flak im Krieg."* Das war dann Happel doch zu viel. Mitten unter Molzers Vortrag stand er auf, ging zur Tafel, strich Molzers Aufzeichnungen über die UdSSR

Waren sie nicht fesch? Gruppenbild von Österreichs WM-Team 1954 in der Schweiz im damals modischen Zweireiher. In der vorderen Reihe von links: Masseur Ulrich, Hanappi, Stojaspal. Dazwischen steht in Reihe zwei Ernst Happel, der 1954 viel erfolgreicher spielte (wie im Bild links unten beim 7:5 in der Hitzeschlacht gegen die Schweiz in Lausanne) als vier Jahre später in Schweden, als ihm auch die Taktik der Teamchefs völlig gegen den Strich ging. Vorne rechts auf dem Gruppenbild Teamchef Edi Frühwirth, Alfred Körner und Teamtrainer Hans Pesser. Hinter Körner steht Karl Stotz – vier Jahre später reichte es in Schweden nur zu einem 2:2 gegen England. Im Bild unten rechts: Alfred Körner gegen die englische Abwehr.

einfach durch: *„Wenn wir so chancenlos sind, dann brauchen wir ja gar nicht anzutreten. Gebt's uns die Reisepässe und wir fahren heim!"*

Argauer und Molzer waren empört – Happel wurde gegen die UdSSR nicht eingesetzt. Damals machten Meldungen von nächtlichen Happel-Eskapaden im Quartier von Uddevalla die Runde. Zu Unrecht – wie Horak 33 Jahre später gesteht: *„Fort waren nur Hanappi, Halla und ich. Und verraten hat uns der Koller. Er hat gesehen, wie wir nach dem Brasilien-Spiel über die Feuerleiter geklettert sind und uns gemeldet. Aber das war damals nicht so tragisch. Bis zum nächsten Spiel waren ja ohnehin noch vier Tage Zeit!"* Und prompt spielten auch zwei Nachtschwärmer (Hanappi, Horak) beim nächsten Match gegen die UdSSR ...

ZUM LACHEN gab's aber auch in Schweden etwas. Zur Unterhaltung wurde ein Wettrennen ausgemacht. Zwischen dem Staatsligapräsidenten Egon Selzer, Teamarzt Jelinek und Argauer. Mit Vorgabe. Selzer lief über die volle Distanz, das waren 100 Meter. Jelinek nur 75, Argauer, der infolge einer Kriegsverletzung das linke Bein nur noch zur Hälfte abbiegen konnte, nur fünfzig. Natürlich war die ganze Mannschaft dabei – ätzende Kommentare durften nicht fehlen. Und Happel fungierte als Zielrichter. Das ging dann so aus: Selzer gewann als Ältester wegen seiner Vergangenheit als Leichtathlet ganz überlegen. Dann folgte ein spannendes Duell zwischen Jelinek und Argauer bis auf die letzten Zentimeter um Platz zwei. Jeder der beiden reklamierte, dass er vorne war. Schließlich hätte der Letzte Essen und Getränke für alle zahlen müssen. Also musste Zielrichter Happel entscheiden. Der ließ sich einige Minuten Zeit, tat recht geheimnisvoll, verkündete dann: *„Totes Rennen, nach Zielfoto totes Rennen!"* Begründung: *„Die haben sich beide so geplagt, da will ich nicht, dass einer Zweiter und einer nur Dritter ist!"*

Geheimkonferenz von drei Teamchefs: Rechts Edi Frühwirth, der bei der WM 1954 auf der Betreuerbank saß, links Josef Argauer, der nach der missglückten WM 1958 mehr oder weniger zum Rücktritt gezwungen wurde. In der Mitte Argauers Nachfolger Karl Decker – er fuhr zu keiner Weltmeisterschaft.

KEIN PLATZ FÜR TOURISTEN

NACH DER WM 1958 war die Kritik am Duo Molzer/Argauer so groß, dass beiden nichts anderes übrig blieb als zurückzutreten. Im Oktober 1958 begann die Ära von Teamchef Karl Decker, in der es ein Jahr später einen Tiefschlag gab: Aus Kostengründen verzichtete Österreich auf die Teilnahme an der Weltmeisterschaft 1962. Die Staatsliga begründete ihre einstimmige Ablehnung vor allem mit den viel zu hohen Reisekosten ins WM-Land Chile. Vielleicht auch deshalb, weil der WM-Anreiz fehlte, gab's Ende 1959 schwere, enttäuschende Niederlagen – 3:6 gegen Spanien in Valencia, 2:5 gegen Frankreich in Paris.

Das war aus mehreren Gründen ein bemerkenswertes Match. Deckers überraschende Taktik ging total in die Hosen, erzürnte die Spieler total. Mittelfeldmotor Gerhard Hanappi als Spezialbewacher für den genialen französischen Dribbelkünstler und Real Madrid-Star Raymond Kopa, hingegen Offensivaufgaben für den Defensivspezialisten Karl Koller. – das konnte nicht gut gehen. Konsequenz: Austria-Stopper Karl Stotz nahm verärgert eine fast einjährige Auszeit beim Team, kehrte erst ein Jahr später nach fünf Spielen zum triumphalen 3:0-Heimsieg gegen Spanien (da gab es mit 90.276 Zuschauern einen Besucherrekord im Praterstadion) zurück.

Gernot Fraydl, Horst Nemec, Karl Stotz (von links) – drei Stützen bei den großen Siegen der Ära von Karl Decker. Zur WM 1962 nach Chile durften sie aber nicht – zu teuer!

Durfte erst nach Kampf in den Bus: Das 35-jährige „Teambaby" Karl Höfer.

Taktische Besprechung via Tipp-Kick am Tisch – die Konzepte von Karl Decker waren mitunter sehr umstritten. Von links: Verteidiger Hasenkopf, Decker, die Austrianer Horst Hirnschrodt und „Dralle" Fiala, Erich Hof und Torhüter Rudi Szanwald.

PARIS blieb aber auch aus einem anderen Grund bis heute in Erinnerung – Decker ließ einen 35jährigen debütieren, den damals beim LASK spielenden glatzköpfigen Linksaußen Karl Höfer. Und dem passierte nach dem Training im Prinzenparkstadion etwas vorher und nachher noch nie Dagewesenes: Ein Teamspieler wurde einen Tag vor dem Spiel von den eigenen Funktionären gar nicht erkannt. Der damalige ÖFB-Sekretär Karl Liegl ließ Höfer nicht in den Teambus einsteigen. Höfer hatte sich den Hut tief ins Gesicht gezogen – daher erkannte ihn Liegl nicht, sagte ihm barsch: *„Hier ist kein Platz für Touristen. Die dürfen nicht mitfahren. Das ist der Bus für die Spieler!"* Höfers Antwort: *„Ich bin ja ein Spieler!"* Darauf Liegl: *„Das kann ein jeder sagen!"* Erst durch Interventionen von Schmied, Stotz, Hanappi, Koller und Horak kam Höfer nach Kampf in den Bus, durfte mit ins Hotel zurückfahren.

BELA MIT ODER OHNE HUT

NACH FÜNFEINHALB JAHREN oder 36 Spielen war die Ära von Karl Decker im Februar 1964 vorbei – ein damals ganz berühmter Trainer wurde sein Nachfolger: Bela Guttmann, der sich zuvor als Erfolgscoach von Penarol Montevideo, AC Milan oder der großen Mannschaft von Benfica Lissabon mit Eusebio, die unter ihm auch Europacupsieger wurde, weltweit einen Namen gemacht hatte. Ein gebürtiger Ungar, gut befreundet mit dem „Mister Austria", mit Joschi Walter. Weil der als Verbandskapitän fungierte, wurde Guttmanns Engagement möglich. Lange dirigierten beide die Teamgeschicke nicht – nach nur sechs Monaten oder fünf Spielen hatten sie von Verbandsquerelen wieder genug, hörten auf …

Zuerst instruierte Bundeskapitän Joschi Walter (mit Sonnenbrille) die Teamspieler – vorne Rudi Flögel (15), hinten von links der Grazer Torhüter und spätere Richter Dr. Günther Paulitsch, der spätere Rapid-Präsident Günther Kaltenbrunner und Karl Koller.

Wenn Bela Guttmann in Mantel und Hut zeigte, wie man es richtig macht, mussten die Spieler stramm stehen.

Einen Trainingsanzug trug „Bella Bacsi" recht selten. Da blickte der spätere Teamchef Helmut Senekowitsch auch recht skeptisch drein.

Nur fünf Länderspiele saßen Walter und Guttmann gemeinsam auf der Bank – erstmals hier beim 1:1 in Amsterdam.

DEN EINSTAND feierte das Duo Walter/Guttmann am 12. April 1964 mit einem 1:1 gegen Holland in Amsterdam. Guttmann wurde am Tag vor dem Match von einigen in Holland lebenden Exil-Ungarn geradezu „belagert“. Mit einem ging er an den Grachten entlang spazieren. Beide redeten mit Händen und Füßen. Jemand rief von der anderen Straßenseite: *„Servus, Bela!“* Guttmann grüßte zurück: *„Servus, servus!“* Daraufhin sein Gesprächspartner, der neben ihm ging: *„Wer war das, Bela?“* Guttmann antwortete fast entrüstet: *„Woher soll ich das wissen? Ich weiß ja nicht einmal, wer du bist!“*

ALS GUTTMANN neun Jahre später nochmals Österreichs Fußballszene betrat, zog er nicht mehr wie als Teamchef den Trainingsanzug an, sondern agierte beim Training sozusagen in Zivil mit „Schirm, Charm und Melone“, aber mit Fußballschuhen. Im März 1973, nach einem 1:2 der Austria in der ersten Frühjahrsrunde in Innsbruck, ernannte der schon vom vorangegangenen Cup-K.o. gegen den Wiener Sportklub genervte Joschi Walter Guttmann als Nachfolger von Karl Stotz zum Sportchef der Austria. Ihm sollten die Trainer Josef Pecanka und Richard Löwy assistieren. Mit Namen tat sich der damals 73jährige Guttmann, vielleicht auch mit voller Absicht, schon schwer. Das hörte sich so an: *„Ein guter Trainer, der Pecanek!“* ...

ERSTMALS saß Guttmann im Wiener Stadion beim Wiener Derby auf Austrias Betreuerbank. Violett führte nach 41 Minuten 2:0, am Ende hieß es 2:2. Aber schon vor dem Anpfiff wälzte Guttmann ein großes Problem, bat deshalb in den Katakomben vor den Mannschaftskabinen „Krone“-Sportchef Michael Kuhn um seinen Rat: *„Meinen Sie, soll ich gehen mit Hut in der Hand zur Betreuerbank? Oder wäre es besser, ich gehe mit Hut und nehme ihn dann erst auf der Bank vor den Leuten ab, um sie so zu begrüßen?“* Egal, ob mit oder ohne Hut: Austria war am Saisonende nur Zehnter so wie zwei Jahre zuvor. Die schlechteste Platzierung seit Gründung des Vereins ...

ABER ZUM LACHEN gab's trotzdem genug. Wenn die Trainer Pecanka und Löwy zum Wochenanfang mitunter Stangen und Hürden zum Konditionstraining mit auf den Platz nahmen, rief Bela fast entrüstet: *„Was wollen Sie damit? Wollen Sie Indianerspiele machen?“* Guttmann leitete mit Hut und Mantel das Training, mitunter zwei Stunden lang, ohne dass die Spieler ins Schwitzen kamen. Pecanka und Löwy waren im Trainingsanzug praktisch nur Zuschauer. Eine von Belas Lieblingsübungen hieß „Bombe Atomic“. Der Ball lag in der Mitte, zwei Spieler liefen aufeinander zu. Einer musste am Ball den Fuß aufstellen, der andere voll in den Ball reinhauen, wobei es sein Gegenüber meist voll durchschüttelte. Guttmann wollte die Übung richtig vorzeigen, suchte sich Edi Krieger als Partner aus. Der nahm keine Rücksicht, zog nicht zurück, sondern voll durch – Guttmann schlug einen Salto, Hut und Ball flogen in hohem Bogen durch die Luft ...

ZUM AUFWÄRMEN musste unter Guttmann auf den Stadion-Trainingsplätzen „Gehfußball

Mit 73 Jahren stieg Bela Guttmann für einige Monate wieder bei seinem Freund Joschi Walter ein – als Sportdirektor der Austria mit Josef Pecanka (rechts) als Trainer, den er oft „Pecanek“ nannte.

Beim Training dirigierte er oft mit Mantel und Hut – rechts Helmut Köglberger, hinter ihm der heutige Salzburg-Manager Werner Schwarz.

Ohne Hut dozierte Guttmann mit Regenjacke nur selten – ihn zog's auch immer wieder auf die Pferderennbahn zum Wetten.

mit einmal Berühren" gespielt werden. Schnell gehen und einmal den Ball berühren – das sah fürchterlich komisch aus. Die Austria-Spieler genierten sich bis in den Boden, die des Sportklubs, die auf den Nebenplätzen trainierten, lagen vor lauter Lachen über den violetten Gehfußball im Rasen.

ODER SCHUSSTRAINING unter Guttmann. Der aus Tirol gekommene Linksaußen Klaus Kelmer zu Herbert Prohaska: *„Willst' mit mir wetten, dass der Guttmann nichts mehr sieht? Der bemerkt garantiert nicht, dass ich jetzt nur mit dem Spitz schießen werd'!"* Kelmer hielt Wort, schoss eine halbe Stunde lang nur mit dem Spitz. Guttmann stand dabei, sah zu, sagte nichts. Erst als die Spieler nach Trainingsende in die Kabine gehen wollten: *„Bleiben sie bitte noch eine Minute hier, ich habe Ihnen noch etwas zu sagen!"* Alle stellten sich zusammen, lauschten Guttmanns Worten, die in Richtung Kelmer kamen: *„Klaus, ich mache Ihnen jetzt ein sehr schönes Leben bei der Austria. Ab morgen müssen Sie nur eine halbe Stunde vor Trainingsbeginn an der Tür zum Trainerzimmer klopfen. Wenn ich ‚Herein!' rufe, kommen Sie und sagen Sie: ‚Grüß Gott, ich bin hier!' Dann können Sie wieder heimgehen. Sie brauchen nie wieder etwas anderes bei Austria tun!"* Und so war es auch ...

VON WALTER bekam Guttmann nach außen hin jede nur erdenkliche Rückendeckung. Da hatte kein Spieler etwas zu melden – obwohl Walter auch für menschliche Schwächen Verständnis zeigte. Die „Splendid Bar" in der Nähe des Stephansplatzes zählte damals zu Walters Stammlokalen. Als er sie wieder einmal wie üblich nach Mitternacht betrat, waren auch zwei Austria-Spieler dort. Der aus Kapfenberg stammende Stürmer Pepi Galautz sowie der israelische Torhüter Avi Benjamin. Der urige Steirer machte geradezu einen verwegenen Hechtsprung unter den Tisch, um sich dort zu verstecken – der stolze Israeli sprang hingegen auf,

Prohaska in jungen Jahren – Kraft wie vier Löwen.

schüttelte Walter die Hand. Trotz der freundlichen Begrüßung blieb die Geldstrafe am nächsten Tag nicht erspart – 10.000 Schilling für Galautz, Avi Benjamin musste sogar doppelt so viel bezahlen. Das wollte sich der Tormann nicht bieten lassen, ging zu Walter: *„Warum muss ich doppelt soviel zahlen?"* Walters Antwort: *„Weil du auch doppelt so viel verdienst!"*

ZU WALTER und Guttmanns Lieblingen zählte damals der erst 17jährige Prohaska. Zum Abschluss des Trainings gab's meist noch Rundenlaufen. Bald kam Guttmans Ruf aus der Platzmitte: *„Prohaska, haben Sie schon Kraft wie vier Löwen, können Sie schon in die Kabine gehen!"* Prohaska antwortete artig: *„Dankeschön!"* Das ärgerte die damals doppelt so alte Austria-Ikone Ernst Fiala. Daher fragte er: *„Und was ist mit mir, Herr Guttmann?"* Der zeigte keine Regung: *„Sie müssen noch laufen, Fiala. Sie haben noch nicht so viel Kraft wie Prohaska!"* Daraufhin der wütende Fiala zu den Mitspielern: *„Glaubt's mir, ein Ahnungsloser!"*

GUTTMANN ordnete damals eine Kasernierung vor und nach dem Spiel an. Nachher musste die Mannschaft ins Gewerkschaftsheim nach Brunn, durfte erst am morgen danach heim – Guttmann fuhr allerdings nur einmal mit, dann nie mehr. Also reagierte der 17jährige Prohaska: Nach dem gemeinsamen Abendessen verabschiedete er sich bereits still und heimlich – durch das Toilettenfenster und via Hinterhof. Zwei Tage später fragte Guttmann: *„Prohaska, sie wurden nicht mehr beim Frühstück gesehen!"* Prohaskas Antwort: *„Ich bin Frühaufsteher, habe schon eine Stunde vor den anderen gefrühstückt!"* Der Schmäh muss Bela Bacsi gefallen haben. Denn er glaubte Prohaskas Erzählungen. Zumindest offiziell.

JAHRE ZU SPÄT

AUF SEIN TEAMDEBÜT musste Prohaska noch ein Jahr warten – am 13. November 1974 war es in Istanbul gegen die Türkei soweit. Der Teamchef hieß Leopold Stastny, war damals schon sechs Jahre im Amt, hatte in der Öffentlichkeit das Image eines griesgrämigen Menschen, dem kaum ein Lacher auskommt, der am liebsten in den Keller lachen geht. Aber genau das Gegenteil war der Fall. Nur wussten das die wenigsten, zeigte doch der gebürtige Slowake nur in kleinem Kreis sein „zweites Gesicht". Um ausgefallene Ideen war Stastny (der in seiner Heimat von den kommunistischen Machthabern wegen fehlender „Linientreue" jahrelang ins Gefängnis gesteckt worden war) eigentlich nie verlegen. Egal wo. Auch schon, bevor er nach Österreich übersiedelte.

Da war Stastny erfolgreicher Trainer bei Slovan Pressburg. Im Tor stand Willi Schrojf, der tschechoslowakische Held beim sensationellen zweiten Platz bei der WM 1962, sieben Jahre später

Leopold Stastny im damaligen ORF-Studio in Hietzing einmal hinter der Kamera – herzlich lachen sah man den „weißen Prinzen" in der Öffentlichkeit nie. Das ging nur bei den Spielern oder im privaten Kreis ...

am Ende seiner Karriere Rückhalt der Vienna beim Aufstieg aus der Regionalliga Ost. Bei irgendeinem Freundschaftsspiel auf einem Dorfplatz kassierte Schrojf ein fürchterliches „Eiertor". Zwar belanglos, aber doch ein Grund zur Aufregung für den Trainer. Als der empörte Stastny zu seinem Tormann rief: *„Was ist da los?"*, antwortete ihm Schrojf: *„Ruhe, Ruhe, Ruhe"*. Das ärgerte Stastny noch mehr und er sann auf Rache. Also „schlich" er sich in Indianermanier hinter das Tor von Schrojf. Als der auf der Torlinie stand, nützte Stastny die Gelegenheit, gab dem Keeper durch das Netz einen Spitz in den Allerwertesten. Als sich Schrojf empört umdrehte, sah er dort einen grinsenden Stastny stehen, der nur sagte: *„Ruhe, Ruhe, Ruhe!"* ...

„Buffy" Ettmayer im Teamdress – Stastny entdeckte ihn in der Austria-Reserve.

SOLCHE AKTIONEN lieferte der weißhaarige Stastny in seiner Österreich-Zeit nicht, hingegen ganz andere. Da „parodierte" er liebend gerne den Tiroler Dialekt seines Präsidenten bei Innsbruck, des Autohausbesitzers Hugo Linser. Wie etwa Linser zu seinem Chauffeur Pepi sagte, wenn sie bei Rot an der Kreuzung standen: *„Fahr nur, Pepi, es wird scho a nix kemman!"*
Oder wenn Linser vor Heimspielen im alten Tivoli-Stadion in die Kabine kam: *„Den ersten Pass glei' lang am Gringo, so müss' ma anfangen, da werd'n die Leut glei verrückt!"* Der „Gringo" war Linksaußen Helmut Redl, die langen Passes sollte „Buffy" Ettmayer, Stastnys Entdeckung aus der Austria-Reserve und einer seiner Lieblingsschüler (Foto links unten), liefern. Stastny in der Kabine zu Linser: *„Na gut, wenn sie so wollen, werden wir das tun, Herr Präsident!"* Und einmal gelang's wirklich: langer Ettmayer-Pass auf Redl, der durch und Tor! Da kam Linser von der Ehrentribüne zur Bank gestürmt: *„Ich hab's g'sagt, ich hab's g'sagt. So müssen ma anfangen!"* Und für „Buffy" hatte Linser weitere Tips parat: *„Im Strafraum einfach voll drauf, mit'n Spitz!"* Als „Buffy" einmal ein herrliches Volleytor erzielte, stand Stastny auf, drehte sich in Richtung Ehrentribüne um, fragte: *„Gilt das Tor auch, Herr Präsident?"*

AM ABEND vertrieb sich Stastny gerne die Zeit mit Kartenspielen. In Innsbruck hatte er sich dazu eine eigene Runde organisiert, zu der sich bald ein „Kiebitz" gesellte. Der nicht nur einem, sondern allen in die Karten schaute. Und der Kartenrunde deshalb auf die Nerven ging. Auch weil er nicht nur einmal einschlief und zu schnarchen begann. Das störte. Also hatte Stastny eine Idee, um den Kiebitz zu vertreiben. Als der gerade wieder sein Nickerchen machte, ließ Stastny das Licht abdrehen, die Vorhänge zuziehen. Also alles verdunkelt. Und alle brüllten ganz laut *„Herz", „Karo", „Pick", „Treff", „Trumpf"* und ähnliche Kartenkommandos, bis der Kiebitz aufwachte. Aber er saß total im Dunkeln, sah überhaupt nichts, brüllte auf: *„Hilfe, ich bin blind, Hilfe, Hilfe, ich bin blind, ich bin blind!"* Der Lacherfolg war groß – der Kiebitz kam nie wieder ...

STASTNYS MARKENZEICHEN war sein trockener Humor. Der kam ohne Vorwarnung, verblüffte immer wieder. In allen Lebenslagen. Als sein Landsmann, der slowakische Vienna-Trainer Ernst Hlozek einmal zu ihm sagte: *„Poldi, wir zwei wären ein ideales Duo. Wir könnten jeden Klub groß machen, an die Spitze führen"*, kam Stastnys Antwort prompt: *„Das ist so, als würden die Albaner zu den Chinesen gehen und sagen: Zusammen sind wir eine Milliarde!"*. Oder als ihm Hlozek einmal beim Abschied ankündigte: *„Morgen Abend komm' ich wieder!"* Stastny fragte zurück: *„Soll das ein Versprechen oder eine gefährliche Drohung sein?"*

Oder wenn der bescheidene Stastny, der mehrere Lokalbesitzer dazu überreden konnte, seine über alles geliebten Mohnnudeln auf die Speisekarte zu setzen, mitunter Sardinen kaufen ging. Als ihn die Verkäuferin eines Lebensmittelgeschäfts fragte: *„Wollen Sie norwegische oder portugiesische?"*, antwortete der Teamchef: *„Warum? Ist das nicht egal? Ich will ja nicht mit ihnen reden, ich wills' ja nur essen!"*.

STASTNY WOHNTE während seiner Wien-Zeit als Teamchef oder später als Chef der Trainerausbildung auf Zimmer 26 des Hotels „Fürstenhof" gegenüber dem Westbahnhof. Von dort hatte er nicht weit zum ehemaligen ÖFB-Haus auf der Mariahilferstraße 99. Mitunter saß er dort abends noch im „Espresso Goal", gönnte sich einen kleinen Schwarzen mit einem Glas Wasser, wenn's hoch her ging ein Achterl Wein, bei ganz besonderen Anlässen einen Cognac, ehe er zurück ins Hotel ging. Auf der Mariahilferstraße durften damals noch innerhalb des Gürtels die „Schönen der Nacht" auf Kundschaft warten. An der Kreuzung zur Webgasse redete eine Stastny an: *„Na, blonder Märchenprinz, wie wär's denn mit uns zwei? Kommst du mit?"* Stastny, über sechzig Jahre alt, schaute kurz: *„Na, geht nicht, ist schon zu spät!"* Aber die Schöne ließ nicht locker: *„Na, blonder Prinz, ist ja erst kurz nach Neun, nicht einmal noch Zehn!"* Darauf Stastny: *„Mädchen, es ist nicht Stunden zu spät, sondern Jahre!"*

Aber Stastny konnte auch lachen, wenn jemand auf seine Kosten Schmähs machte. Da hatte Max Horak „Privilegien" – der war Anfang der Siebzigerjahre Nacht-Rezeptionschef im „Fürstenhof". Als ihm Stastny eines Abends von seiner Schulzeit erzählen wollte, konterte Horak: *„Hören's doch auf. Wie Sie in die Schule gegangen sind, war im Atlas noch nicht Amerika drinnen!"* Stastny lachte Tränen. Ebenso, wenn ihn Horak abends vor dem Schlafengehen oft ermahnte: *„Nicht am Bauch legen, schön brav am Rücken. Dann brauch ich ihnen in der Früh' nur mehr die Hände falten, falls a' Bankerl reißen!"*

„Na, blonder Prinz?" – „Ist schon zu spät – um Jahre!"

BURENWURST UND PUNSCHKRAPFEN

ALS STASTNYS LIEBLING galt seine Entdeckung Hans „Buffy" Ettmayer. Ein Ur-Wiener, der aus dem Austria-Nachwuchs kam, aber bei Violett bei so hochkarätiger Konkurrenz wie Nemec, Buzek, Fiala, Jacare etc. kaum eine Chance hatte, auch wenn er mitunter in der Kampfmannschaft zum Zug gekommen war: *„Ich bin einmal auf der Massagebank gelegen, wurde eingeschmiert. Als die Granaten kamen, war aber Pause!"* Runter von der Bank, eine Stunde warten, bis die Massage weiter ging ...

Stastny entdeckte den schusskräftigen Linksfuß Ettmayer in der Reserve der Austria, holte ihn 1966 nach Innsbruck. Als Stastny zwei Jahre später Teamchef wurde, war Ettmayer längst eine Stütze in Tirol – und Publikumsliebling. Er gehörte mit dem ebenfalls aus Wien (aber schon vorher und von Rapid) gekommenen Franz Wolny und Torhüter Herbert Rettensteiner zu den „Bandenführern", die auf die tollsten Ideen kamen, es keinem Trainer leicht machten. Bei Spielen in Wien nächtigte Innsbruck oft im „Fürstenhof". Stastny setzte sich abends meist hinunter zur Rezeption, um von dort zu kontrollieren, dass ja keiner über die „Hürden" ging. Verhindern konnte er es nicht. Denn Wolny hatte so große Sehnsucht nach dem Nachtleben in seiner Heimatstadt, dass er am Boden an der Tür zur Rezeption vorbeirobbte. Er kam erst in den Morgenstunden wieder zurück. Auch „Buffy" verließ mitunter das Hotel – der Würstlstand gegenüber hatte es ihm angetan. Eine Burenwurst am Abend musste es noch sein – die „Haße" und die Punschkrapfen zählen noch heute zu den großen Leidenschaften des Ballkünstlers. Die Vorliebe für Schaumrollen, die man ihm auch unterschob, stimmte aber nicht. Für die hat seine Frau Susanne (Hochzeit war vor 34 Jahren!) eine Schwäche.

DIE „BANDENFÜHRER" Ettmayer und Wolny spielten auch Stastnys Nachfolger in Innsbruck, Branko Elsner, Streiche. So gingen sie am Tag vor einem Cupspiel gegen Rapid in Hütteldorf noch in Innsbruck um die Häuser. Elsner machte Kontrollen – Frau Ettmayer war sauer, weil der Herr des Hauses in der Disco war, antwortete auf die Frage, ob denn der Gatte zu Hause sei: *„Na, der ist net da!"* Also begann die Aktion „Elsner sucht Buffy". Im „Clima", einer Discothek in Innsbruck-Pradl, suchte er auch. Dort waren tatsächlich seine Spieler –aber die wurden vom Mann oben am Eingang bereits vorgewarnt. Bevor Elsner unten in der Discothek war, standen Ettmayer, Wolny & Co schon im Lift, der in ein über der Discothek gelegenes Hotel fuhr. Von

Hätten Sie ihn da noch erkannt? Der kleine Hans Ettmayer 1952 bei der Erstkommunion mit seiner Mutter Irma – da war von „Buffy“ noch keine Rede.

„BUFFY“ ETTMAYER IN ALLEN LEBENSLAGEN:

Seit 1967 ist er mit seiner Susanne verheiratet – die ging mit ihm von Wien nach Innsbruck. Dort wurde er 1970 mit Pauken und Trompeten gefeiert – nach dem Meisterstück in Meidling gegen Wacker.

Eine Sternstunde war, ebenfalls 1970, der 1:0-Auswärtssieg im Europacup über Real Madrid – von links Hans Eigenstiller, der junge Kurt Jara, Torschütze Leopold Grausam, ein Fan, Torhüter Rettensteiner und Ettmayer, der damals schon zum Stammpersonal der Nationalmannschaft gehörte.

Debüt war im September 1968 beim 0:1 gegen die Schweiz in Bern. Das Gruppenbild hütet „Buffy" bis heute wie ein Heiligtum. Von links: Gerald Fuchsbichler, Böhmer, Norbert Hof, Metzler, Fritsch, dahinter Russ, Gebhardt, Harreither, Gallos, Teamchef Leopold Stastny, Sturmberger, Köglberger, Ettmayer und Hörmayer. Von da an war er jahrelang immer dabei – egal ob bei der Fahrt zum WM-Qualifikationsspiel gegen Deutschland in Nürnberg (Foto links unten: links neben Redl, Pumm, Fraydl und Eigenstiller) oder 1970 beim Gastspiel gegen Brasilien in Rio de Janeiro. Da schüttelte ihm auch der berühmte brasilianische Stürmerstar aus der Weltmeistermannschaft von 1958 und 1962, Vava, die Hand. Redl und Nobert Hof lächelten ganz milde ...

Die Zeiten ändern sich: Der junge Kurt Jara (oben links) mit seinem Freund Ettmayer 1972 bei der Nationalmannschaft und 28 Jahre später um einige Kilo schwerer beim Wiedersehen im Stuttgarter Dimler-Stadion anlässlich des UEFA-Cup-Spiels VfB Stuttgart – FC Tirol.

einem Zimmer aus konnten die Spieler sehen, wie ihr Trainer stundenlang vor der Diskothek stand und wartete – vergeblich. Erst um drei Uhr früh war das Schauspiel beendet.

Nächsten Tag Treffpunkt am Bahnhof, Zugfahrt nach Wien. Elsner wollte Ettmayer und Wolny eliminieren, doch da sagte die ganze Innsbrucker Truppe: *„Entweder fahren wir alle oder keiner!"* Also spielten auch die Nachtschwärmer auf der Pfarrwiese – und wie sie spielten. Innsbruck trumpfte souverän auf, gewann 5:2 – und Ettmayer schoss ein sensationelles Freistoßtor. Fast von der Mittellinie. Weil der starke Wind ging, sagte ihm Nebenspieler Helmut Senekowitsch: *„Hau' doch drauf!"* Darauf Ettmayer: *„Seki, schau einmal, wo ich steh!"* Dann schoss er doch. Der Ball wurde immer schneller und länger, prallte an die Latte, von dort auf den Rücken des Rapid-Torhüters Reisinger und von dort ins Tor. Die Rapid-Fans auf den alten Holztribünen reagierten ihren Frust über die Cupniederlage mit Schmährufen ab: *„Es g'scherten Hund!"* Da rief Wolny zurück: *„Du Trottel, ich bin schon in Wien geboren, da hast du noch Acker statt Papa gsagt!"* Vor der Rückfahrt gab's als erste Siegesprämie eine Burenwurst ...

ETTMAYER musste zeit seiner Karriere mit den Vorwürfen, Übergewicht mit sich herumzuschleppen, leben. Sowohl von Journalisten als auch von Trainern. Für Interviews hatte er sich eine passende Antwort zurecht gelegt. Nämlich, dass er daheim leider einen schrägen Kühlschrank habe: *„Wenn ich nachts aufstehe, den Eisschrank aufmache, dann fliegen mir die Wurstsemmeln entgegen!"* Da kann schon das eine oder andere Kilo zuviel entstehen.

DIE DISKUSSIONEN um sein Gewicht verfolgten „Buffy" auch in Deutschland, egal ob in Stuttgart oder in Hamburg. Als er in seiner letzten Saison beim VfB Stuttgart in der Aufstellung fehlte, fragte er Trainer Albert Sing: *„Ich möchte schon gerne wissen, warum ich nicht spiele!"* Sings Antwort: *„Du bist einfach zu dick!"* Ettmayers Konter: *„Sie sind schon der x-te Trainer, der an meinem Gewicht etwas auszusetzen hat. Ich hab' noch nie anders ausgesehen!"* Darauf Sing: *„Doch, ich hab' schon Bilder von dir gesehen, da warst du schmäler drauf!"* Ettmayer: *„Die müssen mit einer Schmalfilmkamera fotografiert worden sein!"* Dafür gab's 1973 umgerechnet 7000 Schilling Geldstrafe. Die übernahm eine Einrichtungsfirma und lud als Dank für viele schöne Stunden im Stadion dank „Buffy" den Übergewichtigen zu einer lukrativen Autogrammstunde ein. Und „Buffy" revanchierte sich öffentlich an Sing mit seinem dezenten Hinweis auf sein Alter (er war damals Mitte Sechzig): *„Wenn unser Trainer am Friedhof vorbei geht, binden sich die Regenwürmer schon die Servietten um!"* Daraufhin wurde Ettmayer suspendiert. Stuttgart stieg ab, Ettmayer wechselte nach Hamburg.

Auch die deutsche Bundesliga eroberte Ettmayer mit Schmäh und Schusskraft. Beim Tischfußball ließ er den Herausforderern keine Chance – das hatte er ja im Wiener Prater von der Pike auf gelernt.

Dort wollte ihn vor allem der exzentrische Manager Peter Krohn haben, weniger der knorrige Trainer Kuno Klötzer. Auch ihn störte Ettmayers Gewicht, er kritisierte zu schwache Kondition und Laufarbeit. Eines Tages kam Ettmayer zum Training – Klötzer lag in der Kabine auf der Massagebank, fragte: *„Na, Ettmayer hast du endlich Kraft?"* Der antwortete nur mit *„Ja, ja, selbstverständlich!"* Ging zur Massagebank, hob sie hinten auf – vorne flog Klötzer prompt runter. Das steigerte natürlich nicht Buffys Beliebtheit beim Trainer. Auch nicht die Tatsache, dass er nicht nur

Wenn „Buffy" Ettmayer seinen Freund Gustl Starek (damals beim 1. FC Nürnberg) besuchte, war Lachen angesagt. Und wenn er sich den Ball zum Freistoß auflegte, herrschte beim Gegner Alarmstufe eins – gleich sieben der zehn Gladbacher Feldspieler standen in der Mauer vor Torhüter Kleff, darunter auch der berühmte Günther Netzer (10).

Für die „Bild"-Fotografen zog sich Stuttgarts Torhüter Gerhard Heinze im Training sogar die Ritterrüstung an – trotzdem riß es ihm die Beine weg, als „Buffy" so richtig drauflangte.

Als ihn Stuttgart intern sperrte, stiegen die Schwaben ab – „Buffy" ging nach Hamburg. Manager Peter Krohn hatte an der Publikumsattraktion einen Narren gefressen – gegen die kalte Brise im hohen Norden schützte man sich am besten im noblen Pelz. Und auch in Hamburg war der Scharfschütze Ettmayer ein Fressen für die Karikaturisten ...

einmal die Luft an den Reifen des Rades ausließ, mit dem Klötzer oft zum Training fuhr. Der tobte: *„Das kann nur dieser Scheiß Ettmayer gewesen sein!"*.

AUCH NACH DER AKTIVEN KARRIERE blieb sein Gewicht im Gespräch. Ettmayer lebt heute noch vor den Toren Stuttgarts. Als sein Landsmann Ernst Happel Mitte der Achtzigerjahre Trainer des Hamburger SV war, gastierte der einmal beim Hallenturnier in der Stuttgarter Schleyer-Halle. Ettmayer kam zum Training, wurde von Happel mit der Aufforderung *„Komm' her, du Zauberer"* empfangen. Der „Zauberer" wurde von Happel zum Essen ins Hotel eingeladen. Ettmayer zierte sich, ging wirklich nicht hin, wurde abends von Happel in der Halle mit der Frage empfangen: *„Hearst, Zauberer! Wo warst denn heut? Warum bist denn nicht 'kommen? Hast vielleicht Angst ghab't, dass wir sehen, wie viel du frisst?"*

Für die Journalisten und Fotografen wagte sich „Buffy“ sogar aufs Eis. In Hamburg mit der ehemaligen Eiskunstlauf-Olympiasiegerin und Weltmeisterin aus seiner Heimatstadt Wien, Trixi Schuba, sogar in Frack und Zylinder bei Holiday on Ice – ein gefallener Märchenprinz ...

In Stuttgart spielte „Buffy" sogar ohne Helm, wie die NHL-Cracks aus der Anfangszeit, Eishockey – ein bisschen erinnerte dabei an den berühmten Phil Espositio. Das Spielverständnis und die Durchschlagskraft, nicht das Eislaufen oder das Gewicht.

Österreicher-Treff in der Sportschule Stuttgart-Ruit: „Buffy" Ettmayer besucht seinen ehemaligen Innsbrucker Nebenspieler Helmut Senekowitsch – zu dieser Zeit Trainer in Griechenland und mit AEK Athen im Trainingslager ...

HEUTE verdient Ettmayer mit Auftritten für Sponsoren mehr als zu seiner aktiven Karriere, in der er für damalige Verhältnisse auch gut kassierte. Sein Schmäh mit flotten Sprüchen (*„Wenn Ernst Happel oder Branko Zebec heute sehen könnten, was einige Herren trainieren lassen, würden sie mit den Füßen an die Sargdeckeln treten!"*) ist in Deutschland immer noch gefragt – auch sein Mitwirken bei Juxpartien. Denn auch mit deutlich mehr als 100 Kilo gilt noch immer, was Ettmayer schon früher sagte: *„Der Ball macht noch immer, was der Blade will!"*

Auch nach der aktiven Zeit nicht von der Bildfläche verschwunden – der Ball ist immer dabei. Auch im Mercedes-Coupé – seine Nummer 10 war für das Kennzeichen nicht mehr frei.

Bei Oldies-Prominentenspielen gehörte er zur ersten Garnitur – hier mit Franz Beckenbauer, Horst Köppel (Beckenbauers Teamchef-Assistent, später Trainer in Innsbruck), den deutschen Weltmeistern Paul Breitner und Wolfgang Overath sowie Turn-Olympiasieger Eberhard Gienger.

Bei Altherren-Spielen des VfB Stuttgart wird sogar dreimal die Nummer 10 vergeben – an „Buffy" sowie an seine Nachfolger Hansi Müller und Sigurvinsson. Es wird schon einen Grund haben, warum „Buffy" als einziger den Dress nicht in die Hose gesteckt hat ...

Beim Small Talk bringt „Buffy" fast alle zum Lachen. Auch beim Wiener Treffen in der Stuttgarter Schleyer-Halle Max Merkel – Ernst Happel zierte sich etwas. Vielleicht, weil Ettmayer die Einladung zum Essen nicht angenommen hatte ...

Aber der Ball macht noch immer, was der „Blade" will – den Blick auf seine Rundungen gab er einmal frei, weil er den Dress aufrollte und ihn quasi als Schürze verwendete. So fing er den Ball auf, legte ihn sich gleich wieder vor – das Publikum johlte.

SCHAS-BLÅDERN BEI ANATEVKA

BEI ALLEM ERNST vor Länderspielen legte Teamchef Leopold Stastny auch sehr großen Wert darauf, das die Stimmung passte, viel, viel gelacht wurde. Daher war er einer der besten Kunden in einem Geschäft am Naschmarkt namens Witte, das Scherzartikel vertrieb. Dort erstand Stastny unter anderem Semmeln aus Plastik, die er bei Pressekonferenzen den Journalisten in den Korb mit „echten" Semmeln gab, wenn ein Imbiss serviert wurde. Mit diebischer Freude beobachtete er dann den Biss in die Plastiksemmel.
Oder er brachte eine Zündholzschachtel mit, ging zu einem Spieler: *„Ich bring' die nicht auf, ich weiß nicht warum, kannst du helfen?"* Solche Bitten schlägt kein Spieler einem Teamchef ab. Nur gab's dann beim Öffnen der Zündholzschachtel prompt einen Stromschlag – Stastny unterhielt sich königlich.

EBENSO wenn er einen nackten Hintern sah. Um die Tränen zu trocknen, die er lachte, zog er aus der Tasche meist ein riesiges, weißes Taschentuch heraus. Erinnerte sich einer der Ober-Schmähbrüder der Stastny-Ära, Gustl Starek: *„Sein Taschentuch haben andere als Zelt oder Segel verwendet, so groß war das!"* Die Hintern-Aktionen fanden überall statt. So auch auf der Straße zwischen den Trainingsplätzen in der

Gute Laune war Teamchef Leopold Stastny immer wichtig – dafür setzte er sich mitunter sogar hoch zu Ross.

Mit seiner Entdeckung „Buffy" Ettmayer lachte Stastny besonders gerne. Vor Duellen gegen Schottland zwängte er ihn sogar ins „Schottenrockerl" – der karierte Kilt passte auch. Links Helmut Redl, rechts testet Walter Gebhardt die Stoffqualität.

Südstadt zum Gewerkschaftsheim in Brunn, wo das Team kaserniert war. Meist fuhren Starek, Ettmayer und Kapitän Gerhard Sturmberger voraus, warteten am Rande der Straße, bis sie das Auto, mit dem Masseur Pepi Flenner Stastny chauffierte, sahen. Da sprangen die drei mitten auf die Straße, zogen die Hosen runter, zeigten Stastny und Flenner das blanke Hinterteil. Riesengelächter beim Teamchef. Für den war damit der Tag gerettet. Aber die Geschichte hat noch eine Steigerung ...

Spezialist für nackte Hintern und Zurechtweisung von Theaterbesuchern: Kapitän Gerhard Sturmberger.

STURMBERGER, STAREK UND ETTMAYER mit dem Taxi auf der Mariahilferstraße unterwegs. An der Kreuzung mit dem Gürtel sollten sie dem Taxifahrer dahinter mit Stastny im Fonds ihren nackten Hintern zeigen. Gesagt, getan. Als die Ampel rot zeigte, standen die drei auf der Rückbank auf, zogen wieder die Hosen runter, zeigten den nackten Hintern. Der Taxifahrer war total perplex, wusste nicht, was das sollte, warum sich der Teamchef neben ihm vor Lachen zerkugelte – Stastnys „Lachrekord" bei solchen Aktionen stand bei vier Minuten ...

Im Training oben ohne und mit Sonnenbrille ...

„PFURZ-ORGIEN“. Auch ein ganzes Sortiment der sogenannten „Schas-Blådern“, von Stastny beim „Witte“ gekauft, diente zum Generalangriff auf die Lachmuskeln. Da war keiner vor seinen Scherzen mit den einschlägigen „Pfurz-Geräuschen“ sicher. Auch nicht die Spieler. Selbst im Flugzeug trat die „Schas-Blådern“ in Aktion. Als einmal eine Stewardess neben Rudi Flögel stand, drückte Stastny auf die Schas-Blådern – Flögel bekam einen hochroten Kopf. Auch bei abendlichen Kinobesuchern gab's ähnliche Aktionen. Willi Kreuz: *„Nicht nur einmal riefen empörte Besucher, welche Schweine da im Saal sitzen!“* Stastny hatte einen Lachkrampf nach dem anderen – nur die Spieler wussten, wer hinter der „Pfurz-Orgie“ steckte.

Nicht einmal das Theater an der Wien war davor sicher, als das Team das Musical „Anatevka“ besuchte. Da musste das Team eine halbe Stunde vor Beginn schon auf seinen Plätzen sein, dann drückte Stastny Ettmayer die „Schas-Blådern“ in der Hand, gab dazu den taktischen Auftrag: *„Wenn die Leute kommen, dann machen Sie das!“* Also legte der dabei taktisch sehr disziplinierte Ettmayer den Besuchern, die links und rechts in seiner Reichweite saßen, die „Schas-Blådern“

Im Regen oben mit.

Dass ihn der Fotograf Herbert Sündhofer mit einem Handtuch am Kopf aufnahm, dieses Foto auch in allen Zeitungen erschien, ärgerte Stastny ganz fürchterlich. Zumal die Spieler auf dem Foto eine Ähnlichkeit mit der damaligen israelischen Ministerpräsidentin Golda Meir erkannt haben wollten. Die Rache folgte beim nächsten Training. Stastny-Inszenierung: Franz Hasil blieb nach einem gestellten Zusammenprall am Boden liegen, hielt sich den Kopf. Die Mitspieler liefen hin, schlugen vor Entsetzen die Hände über dem Kopf zusammen, schrien: „Um Gottes Willen, alles voller Blut!" Auch Sündhofer reagierte, fotografierte, brachte die Fotos vom verletzten und daher fraglichen Hasil im Eiltempo in die Redaktionen. In Wahrheit hatte Hasil gar nichts. Die Mitspieler hatten ihm nur eine Flasche Tomaten-Ketchup über den Kopf geleert. Und Stastny unterhielt sich königlich, dass die Rache gelungen war.

unter den Allerwertesten. Und prompt ging's los. Als Krönung fragte Sturmberger die völlig verwirrten und konsternierten Anatevka-Besucher mit todernster Miene: *„Muss das sein? Können Sie sich nicht beherrschen? Wir sind ja hier im Theater!"* Und Stastny hatte zwei Reihen dahinter längst wieder das riesige weiße Taschentuch aus dem Sack gezogen.

AUF AUSLANDS-FLUGREISEN bestimmte Stastny oft einen Spieler, der beim Anstellen vor der Pass- oder Zollkontrolle von hinten ahnungslosen Passagieren mit einem Kamm gegen den Knöchel schlagen sollte. Darauf war keiner gefasst – das konnte weh tun, der Schreck war mitunter groß. Bis man darauf reagierte, war der Übeltäter meist weg. 1972 beim 1:1 in Rumänien war am Flughafen von Craiova Libero Rudi Horvath dafür bestimmt. Der „insultierte" mehrmals den Delegationsleiter aus Salzburg, aber der zuckte mit keiner Wimper. Nach mehreren Versuchen resignierte Horvath. Des Rätsels Lösung erfuhr man erst später: Der Funktionär trug eine Prothese ...

EINE DIEBISCHE FREUDE bereitete es Stastny auch stets, Journalisten zu irritieren oder aus dem Konzept zu bringen. Bei langatmigen Fragen setzte er oft sein Pokerface auf, antwortete einfach mit „Ja" oder „Nein". Darauf herrschte meist Stille – Stastny hatte Mühe, sein Lachen zu unterdrücken. Mitunter gelang ihm das aber nicht. Etwa als ihn 1969 Edi Finger senior live auf Radiosendung fragte, was er denn zum 1:1 gegen Deutschland sagte. Stastnys Antwort: *„Das Resultat hätte auch genauso umgekehrt lauten können!"* ...

Haben Sie den verkehrten Tarif?
TikTak Privat: Die günstigste Alternative.*
TikTak Privat
60 Minuten gratis telefonieren. Monat für Monat in der Freizeit (Mo-Fr 18-8 Uhr, Sa, So und Feiertage). Und mit dem **BestFriend** rund um die Uhr im österreichischen Festnetz um lächerliche ATS 0,28/€ 0,02 pro Minute plaudern. Das gibt's nur bei **TikTak Privat**.
*Damit ist **TikTak Privat** eindeutig die günstigste Alternative von Jet2Web Telekom.
Mehr erfahren Sie unter **www.jet2web.com** und **0800 100 100.**
2001
2002
2003
2004
2005
2006
2007
Telekom Austria
jet2web
Telekom

BART WEG FÜR DEBÜT

1972 beim 1:1 in Rumänien war es zwischen Stastny und „Buffy" zum großen Krach gekommen – den genauen Grund weiß Ettmayer bis heute nicht. Danach gab es nur noch drei Länderspiele für die Nummer 10 – andere kamen neu ins Team, die noch Jahre hinaus für Schlagzeilen sorgen sollten. Etwa Hans Krankl und Herbert Prohaska. Sie waren aber noch nicht dabei, als Stastny auf der Wintertournee 1972 das wohl kurioseste Austauschkommando seiner siebenjährigen Ära mit 49 Länderspielen gab ...

ZUERST eineinhalb Wochen Trainingslager in der Sportschule Coverciano bei Florenz mit zwei Testspielen, dann zu einem Länderspiel nach Tunesien, beim Rückflug in Athen noch ein Match gegen den griechischen Spitzenklub Olympiakos, bei dem damals der spätere Teamlibero Peter Persidis als sehr erfolgreicher Legionär engagiert war. In Tunis war die Unterbringung ebenso nicht optimal wie das Essen – also hauten sich die Teamspieler in Athen zuerst einmal den Bauch mit Hamburgern und Pommes

Josef Hickersberger (links) im Teamdress – neben ihm Willi Kreuz, Gustl Starek, Helmut Redl und Norbert Hof. Bei einem Probespiel in Athen ließ Stastny Hickersberger sogar bestimmen, wer statt ihm vom Feld musste.

Frittes voll. Und zudem dachte jeder nur noch an den Heimflug – das Match war Nebensache. Dementsprechend schlecht lief es. Stastny, auf der Bank schrecklich verärgert, gab bereits nach knapp 20 Minuten dem späteren Teamchef Josef Hickersberger auf der Bank das Kommando zum Aufwärmen. Fast alle spielten weiter grottenschlecht, keine Aussicht auf Steigerung. Nach zehn Minuten meldete sich Hickersberger vom Aufwärmen zurück, bekam das Kommando: *„Geh' rein!"* Also nach vor zur Outlinie, beim Linienrichter Wechsel anmelden. Der tat dies – aber keiner wusste, wer für Hickersberger raus musste. Der drehte sich zu Stastny um, fragte knapp: *„Statt wem"?* Die mürrische Antwort des wütenden Stastny: *„Ist egal, such' dir einen aus!"* Hickersberger erlöste seinen Freund Helmut Köglberger ...

ALS ERSTER der neuen Hoffnungen war bei Stastny Rapid-Torjäger Krankl dran. Debüt am 13. Juni 1973 beim 1:1 gegen den regierenden Weltmeister Brasilien im Wiener Stadion – der 20jährige Krankl zwischen arrivierten Größen wie Sturmberger, Hasil, Starek oder Willi Kreuz, aufgeregt bis zum „geht nicht mehr". Kasernierung damals im Heim der Eisenbahnergewerkschaft an der Alten Donau. Am Spieltag, als die Spieler zum Frühstück kamen, fragte Stastny den schon nervösen Debütanten, der bereits wusste, dass er spielen wird: *„Na, wie haben wir geschlafen, Herr Krankl?"* Krankl bekam einen hochroten Kopf, antwortete knapp: *„Danke, gut!"* Darauf Stastny: *„Das wollte ich nicht wissen. Ich wollte wissen, ob am Bauch oder am Rücken!"*.

Die Reporterlegende Poldi Kait fragte Stastny nach dem 0:7, wie er denn mit der Abwehr zufrieden gewesen sei.

DAS ZWEITE Krankl-Länderspiel wird ihm immer in Erinnerung bleiben – 0:7 gegen England im Wembley-Stadion (das war einer der drei restlichen Ettmayer-Einsätze im Team). Nach dem fünften Tor spielte Starek plötzlich mit heruntergerollten Socken gegen die englischen Kampfmaschinen – nachher warf Stastny sowohl ihm als auch Ettmayer vor, sie seien am Ende nur vor der königlichen Loge „spazierengegangen". Als die Journalisten damals nach Schlusspfiff zu Stastny um die ersten Kommentare zur Abfuhr kamen, antwortete er nur ganz kurz. Da hatte es allen die Rede verschlagen. Eisiges Schweigen im Kabinengang, bis sich das Reporteroriginal Poldi Kait ein Herz nahm und nach sieben kassierten Toren die Frage stellte: *„Herr Stastny, wie waren sie mit der Abwehr zufrieden?"* Da schaute der Teamchef noch viel grimmiger, fragte nur zurück: *„Wollen's mich häkerln?"*

Krankls Langhaar-Look, als er vor dem 0:7 gegen England in London auf Einkaufstour ging, sündteure Stiefel kaufte, die er dann nie trug.

VOR DEM MATCH war die Stimmung noch bestens, glaubte niemand an eine solche Abfuhr – das Team war im Herzen Londons, in der Kensington High Street abgestiegen. Zur damaligen Zeit war gerade die Hippie-Mode mit hochhackigen Stiefeln in. Krankl, Starek und Ettmayer gingen auf Shopping-Tour. Ecke Kensington High Street und Carnaby-Street hatte es ihnen ein ausgeflipptes Schuhgeschäft angetan, speziell Krankls Stiefel mit einem „mörderisch hohen" Absatz aus einem ganz weichen Leder – kleine zusammengenähte Lederstücke, alle aus verschiedenen Formen. Solche Schuhe hatte Krankl zuvor noch nie, sie galten damals als letzter Modeschrei. Weil sie die Popgrößen von damals, wie etwa die „Kinks", bei ihren Auftritten trugen. Musikfan Krankl probierte die Stiefel – der Preis war allerdings hoch. Betrug umgerechnet mehr als 2000 Schilling. „Buffy" Ettmayer redete Krankl zu: *„Schauen super aus, die musst dir kaufen, so eine dicke Untersohle hat in Wien sonst keiner!"* Also kaufte Krankl die sündteuren Stiefel – aber in Wien hat er sie dann nie getragen. Übrigens nicht das einzige Mal, dass Krankl etwas auf Teamreisen kaufte, dann aber nie anzog ...

ÄHNLICHES passierte auch drei Jahre später 1975 in Luxemburg. Wieder Einkaufstour – Krankl hatte damals als erster Teamspieler überhaupt eine Kreditkarte, wollte damit „angeben", unbedingt mit „American Express" etwas erstehen. Ein weißer Mantel, ähnlich einem „Burberry", war es. Krankl erntete von den Mitspielern nur Zustimmung zum Kaufplan, legte die Kreditkarte auf den Tisch – schon gehörte der weiße Mantel ihm. Aber danach hörte sich vor dem Geschäft alles anders an:
Herbert Prohaska fragte: *„Hans, hast du den Mantel wirklich gekauft?"*
Krankl: *„Na klar!"*
Darauf Prohaska: *„Hans, ich will zu dir ehrlich sein. Mit diesem Mantel ginge ich nicht einmal in den Keller die Kohlen holen!"*
Krankl: *„Du Trottel, der Mantel ist super!"*
Aber Jahre später gestand er Prohaska, dass er den Mantel von Luxemburg in Wahrheit in Wien nie angezogen hat. Wie die Stiefel aus London ...

LUXEMBURG war das zweite Länderspiel von „Schneckerl" Prohaska – das Debüt stieg wenige Monate zuvor am 13. November 1974 beim 1:0 gegen die Türkei im Inönü-Stadion von Istanbul. Stastny wollte Prohaska die Scheu vor großen Namen nehmen, ermunterte ihn: *„Gehen's nur den Hasil häkerln!"* Gesagt, getan – Hasil war über

Professor Poldi und seine Lieblingsschüler

Die späteren Argentinien-Helden begannen alle ihre Teamkarriere bei Leopold Stastny.

soviel Respektlosigkeit empört, beschwerte sich beim Teamchef: *„Herr Stastny, sagen's dem Buam, er soll aufhören, sonst kriegt er a Watsch'n!"* Es blieb bei der Drohung.

BART WEG. Stastny selbst hatte Prohaska eine Bedingung für das Teamdebüt gestellt: Sein damaliger Schnurrbart, von Stastny „Rotzbrems'n" genannt, musste weg, *„... dann sind Sie der einzige Fixstarter. Ich will nicht, dass sich junge Leute älter machen."* Und das zwei Wochen vor Prohaskas Hochzeit – der Bart, auf den er so lange gespart hatte. Prohaska überlegte – sechs Wochen würde es wieder brauchen, bis der Bart einigermaßen vorhanden war. Selbst die Gefahr, seine künftige Frau Elisabeth schrecklich zu verärgern, war ihm sein erstes Länderspiel wert. Kaum in Istanbul angekommen, rasierte er sich oben im Hotelzimmer den Bart weg. Bartlos kam er zum Abendessen – Stastny sah, lachte und sagte: *„Meine Herren, ich habe Ihnen etwas zu sagen: Einziger Fixstarter ist jetzt ohne Bart Schneckolito!"*

In Istanbul musste der Bart weg – damit war für Herbert Prohaska das Debüt gerettet!

Audienz unter vier Augen bei Leopold Stastny vor dem ersten Länderspiel als TV-Kommentator: Gerhard Zimmer (hier in Stuttgart beim Interview mit „Buffy" Ettmayer).

FÜR ANDERE DEBÜTANTEN hatte Stastny in Istanbul weniger Verständnis. Der bekannte TV-Kommentator Gerhard Zimmer übertrug damals sein erstes Länderspiel, wollte sich darauf ganz besonders sorgfältig vorbereiten, ging am Abend vorher zu Stastny, bat ihn um ein Gespräch unter vier Augen, um in allen Details zu erfahren, wie Stastny denn das Match anlegen wollte. Darauf der Teamchef ganz ernst: *„Wieso? Ich kann mich nicht erinnern, dass ich vor meinem ersten Länderspiel mit Ihnen unter vier Augen reden wollte!"* Als Stastny die Verlegenheit des Bittstellers so richtig genossen hatte, redeten sie dann doch ...

Hochsterilisiert

... und was alles noch gesagt wurde.

„Ihre Fragen kotzen mich an, Herr Koci!“
(Herbert Feurer nach einem Rapid-Spiel zu ORF-Reporter Wolfgang Koci.)

„Früstük? Was interessiert mi Früstük? Frühstück hab' i daham!“
(Admira-Trainer Hans Krankl auf die Frage, was er zum Ausschluss des Salzburg-Spielers Robert Früstük sage.)

„Wozu braucht meine Mannschaft Doping? Liebe Gott, sie hat ja mich!“
(Otto Baric in seiner Zeit als Salzburg-Trainer.)

„Mit mir in absoluter Hochform hätte es nur ein 0:8 gegeben.“
(Teamtorhüter Franz Wohlfahrt nach dem 0:9-Debakel gegen Spanien 1999 in Valencia.)

Hans Krankl einmal anders – tief vermummt und streng inkognito. Zum Frühstück wird er den Schal wohl abnehmen müssen.

„Carsten Jancker, ein Kerl wie ein Baum. Wenngleich er wenig Blätter auf dem Kopf hat!“
(ARD-Kommentator Holger Pfandt über Jancker, als der eine Glatze hatte.)

„Gute Nacht, machen Sie sich auch einen Höhepunkt!“
(Starkommentator Günther Jauch auf RTL gegen ein Uhr nachts, nachdem alle „Highlights“ der Champions League gezeigt waren.)

„Vier, das heißt auf italienisch quattro. Aber trotzdem ist Angelo Vier nicht der Sohn von Suzi Quattro.“
(Eurosport-Kommentator Wolfgang Ley über Ex-Rapid-Stürmer Angelo Vier.)

„Ich glaub' dem Funki eh schon überhaupt nichts mehr. Aber selbst das ist noch viel zu viel!“
(Rapids Teammanager Stefan Ebner über Herbert Feurers Schmähpotential.)

„Hoch werden wir nicht mehr gewinnen.“
(Toni Pfeffer beim Pauseninterview in Valencia, als es 0:5 stand.)

„Carsten Jancker – hier nimmt er den Ball mit dem Rücken an.“
(ARD-Fachkommentator Günther Netzer über den Ex-Rapid-Stürmer.)

„Ja, das ist Italiens Teamchef Arrigo Sacchi. Es heißt ja Forza Italia. Und bald hat er seinen Letzten gelassen.“
(Wolfgang Ley 1994 beim WM-Spiel Italien – Nigeria, als Italien 0:1 zurücklag.)

Sieger sehen anders aus! Andi Herzog und Didi Kühbauer bei schüchternen Gokart-Versuchen in Parndorf – im Rahmen des Teamtrainingslagers vor dem 2:0 gegen Bosnien. Kühbauer kam dabei sogar etwas auf Abwege.

„Das wird doch alles nur von den Medien hochsterilisiert."
(FC Tirols Meistermacher Kurt Jara)

„Und jetzt kommt die Zeitlupe. Da sehen Sie, wie schön Andreas Herzog den Dortmunder Lars Ricken nach allen Regeln der Kunst entbeint."
(SAT 1-Kultkommentator Werner Hansch)

„Europäische Weltklasse!"
(Rapid-Arzt Robert Lugscheider euphorisch über Gaston Taument Leistung beim 5:1 gegen Partizan Belgrad.)

„Der liebe Gott freut sich über jedes Kind."
(Bayern-Boss Franz Beckenbauer, wegen seines Tiroler Wohnortes ein halber Österreicher, auf seinen unehelichen Sohn angesprochen.)

„Zu meiner aktiven Zeit haben wir noch 16 Monate im Jahr gespielt"
(Franz Beckenbauer)

„Es war so kalt, dass unserem Bundestrainer Berti Vogts das Gebiss eingefroren ist!"
(ARD-Moderator Waldemar Hartmann über die Temperaturen bei der WM-Auslosung 1998 in Marseille, wo auch Österreichs damaliger Teamchef Herbert Prohaska entsetzlich fror.)

„Das Tor gehört zu 70 Prozent mir und zu 40 dem Andi Ogris."
(Toni Polster in seiner Austria-Zeit.)

„Man hetzt die Leute auf mit Tatsachen, die nicht der Wahrheit entsprechen."
(Toni Polster)

„Es gibt Leute, die denken so. Und es gibt Leute, die denken so. Das ist immer so, wenn viele Leute zusammenkommen."
(Toni Polster)

„Ich habe es mir sehr genau überlegt und dann spontan zugesagt."
(Toni Polster über seinen Transfer von Köln zu Mönchengladbach.)

„Wir lassen uns beide von unseren Frauen scheiden und ziehen zusammen."
(Toni Polster zu seiner Köln-Zeit über sein Verhältnis zu Trainer Peter Neururer.)

„Ein Denkmal will ich nicht sein, darauf scheißen ja die Tauben."
(Toni Polster auf die Frage, ob er sich als Legende zu Lebzeiten oder Denkmal fühle.)

„Ich bin Optimist. Sogar meine Blutgruppe ist positiv."
(Toni Polster)

„Ich kann nicht mehr als schießen. Außerdem standen da 40 Leute auf der Torlinie."
(Toni Polster über eine vergebene Torchance.)

„Der Andi Herzog behandelt den Ball wie ein rohes Ei, obwohl noch gar nicht Ostern ist."
(Toni Polster)

„Wahnsinn! Da gibt's Spieler bei uns, die laufen noch weniger als ich!"
(Toni Polster nach einer Niederlage mit Mönchengladbach.)

Polster am neuen Arbeitsplatz in Gladbachs Marketing-Abteilung mit Leiter Guido Uhle

„Das, was ich schon die letzten 20 Jahre gemacht habe, mich wichtig machen und deppert reden."
(Toni Polster auf die Frage, was er im Gladbach-Management tun werde.)

Hätten Sie ihn in dieser Kriegsbemalung, die ihm seine Gattin Lisi verpasste, noch erkannt? Das ist das Austria-Idol Toni Polster im oststeirichen Ort Anger (170 Kilometer südlich von Wien), in dem er schon seit 1982 urlaubt. Der Ex-Team-Kapitän machte dann auch als Indianer mit Pfeil und Bogen eine gute Figur.

„Ich bin jetzt 17 Jahre Präsident, daher darf ich wissen, dass im Ball kein Frosch mehr sitzt."
(ÖFB-Präsident Beppo Mauhart)

„Herr Präsident, wollen Sie haben Straße oder Autobahn? Ich machen Ihnen gleich Autobahn."
(Otto Baric bei den abschließenden Vertragsverhandlungen zu Beppo Mauhart, als der erklärte, er spreche auch noch mit anderen Teamchefkandidaten.)

Autobahn-Erbauer Otto Baric mit seinen Assistenten Herbert Feurer und Didi Constantini. Um niedere Pflasterarbeiten in Gegenverkehrsbereichen ging es aber bei dieser Besprechung nicht.

ORF-VERSPRECHER

Als ORF-Sportchef ist man mitunter auch zum Spielen verdammt: Elmar Oberhauser (oben dritter von rechts) in einem Prominententeam, mit Coach Constantini, einem Nationalrats-Abgeordneten (Vorarlbergs Landesverbandspräsident Köpf) als Tormann, Ex-Innenminister Karl Schlögl, Damen-Teamchef Ernst Weber, Hans Krankl, Franz Hasil und Herbert Feurer als Mitspieler. Das ist so anstrengend, dass man sich nachher bei einer guten Zigarre erholen muss. Und dabei auch über ORF-Versprecher nachdenken kann. Wie kam's dazu ...?

„Pavlin – endlich einmal einer, der nicht mit einem -ic endet."
(Peter Elstner bei der EM 2000 im Spiel Slowenien-Jugoslawien.)

„Das war der Schlusspfiff. 45 Minuten sind um. Das Leder ist rund und ein Spiel dauert 45 Minuten."
(Thomas König)

„Savic spielte schon bei Rijeka und in Spanien – bei Sporting Lissabon."
(Robert Seeger)

„Die Bulgaren wärmen schon einen Spieler auf."
(Robert Seeger)

„Das war der Blick ins Stadion Jan Breydel, benannt nach einem Freiheitskämpfer aus dem Mittelfeld, äh, Mittelalter."
(Robert Seeger)

„War dieses Freistoßtor das Ende vom Anfang?"
(Fred Lensch zu Tirol-Kapitän Michael Baur nach der 0:1-Heimniederlage gegen Lok Moskau, die am grünen Tisch annulliert wurde.)

DAS EVANGELIUM NACH MATTHÄUS ...

Mikrofone war Matthäus aus seiner aktiven Zeit bei Mönchengladbach, Bayern München und Inter Mailand oder beim deutschen Team zur Genüge gewohnt. Sie störten ihn daher auch nicht beim Amtsantritt als Rapid-Teamchef. Da hatte er mit Andy Marek sogar einen, der ihm devot die Mikrofone zurechtrichtete.

„Schiedsrichter kommt für mich nach meiner Karriere nicht in Frage. Schon eher etwas, das mit Fußball zu tun hat."

„Das Chancenplus war ausgeglichen."

„I hope, we have a little bit lucky."
(Bei seiner ersten Pressekonferenz bei den New York Cosmos.)

„Nur so kann ich die Mannschaft aus der Ekstase zu holen."
(Auf die Frage, warum er Rapids Spieler schon fünf Stunden vor dem Admira-Spiel versammelte.)

LOTHAR-WITZE

Warum muss die WM 2006 unbedingt in Deutschland stattfinden?
Weil Lothar Matthäus dann mit 45 Jahren nicht mehr transportfähig ist ...

Was macht Lothar nach dem Ende seiner aktiven Karriere?
Er lebt von der Wohlfahrt.
(Die Matthäus-Freundin war bis vor kurzem Maren Müller-Wohlfahrt, die Tochter des Bayern-Klubarztes. Nach der Trennung wurde Lothar dann Sportchef bei Rapid.)

SPRÜCHE über MATTHÄUS

„Da geht er, ein großer Spieler. Ein Mann wie Steffi Graf."
(SAT1-Kommentator Jörg Dahlmann)

„Pässe der Marke Lothar Matthäus – da möchte man Ball sein."
(ZDF-Kommentator Johannes B. Kerner)

„Die Zunge ist gut organisiert bei Lothar Matthäus."
(DSF-Chefredakteur Rudi Brückner)

„Jede erfolgreiche Trainerlaufbahn beginnt mit einer Niederlage"
(Franz Beckenbauer zu Rapids 0:1 gegen Admira beim Matthäus-Einstand)

DAS PSEUDONYM VON MORENO

ALS ÖSTERREICH 1978 nach 20 Jahren Pause wieder zur WM fuhr, herrschte in Österreich unter dem Motto „Argentinien, wir kommen!" Euphorie und Aufbruchsstimmung. Die konnten auch Zwistigkeiten zwischen dem eigentlich von ÖFB-Präsident Karl Sekanina als Teamchefaufpasser geholten Sportdirektor Max Merkel und Teamchef Helmut Senekowitsch nicht stören. Senekowitsch stand vor und während der Qualifikation bei Sekanina nicht nur einmal auf der Kippe – so auch im Herbst 1976 nach einer 2:4-Heimniederlage gegen Ungarn.

NÄCHSTES MATCH gegen Griechenland in Kavala – da galt als ausgemacht: Wenn Senekowitsch nicht siegt, fliegt er. Der holte damals erstmals einen ehemaligen Griechenland-Legionär, den Rapid-Libero Peter Persidis, in den Kader. Die Freude von Persidis war groß. Und als sich Senekowitsch bei der Spielerversammlung mit den griechischen Namen, die Persidis auf die Tafel geschrieben hatte, sehr schwer tat, trug er Persidis auf: *„Peter, mach' das gleich du!"* Prompt folgten höhnische Ansagen der Mitspieler: *„Jetzt wissen wir endlich, wofür du geholt worden bist!"* Ganz so war es dann nicht. Persidis spielte auch in der WM-Qualifikation, gehörte zum WM-Kader ...

IN ARGENTINIEN gipfelten die Animositäten zwischen Teamchef und Sportdirektor knapp vor WM-Beginn in einem Schreiduell bei einem Empfang in der österreichischen Botschaft in Buenos Aires – Merkel flog noch vor WM-Beginn wieder heim. Ein Jahr zuvor, nach der Auslosung, die Österreich Spanien, Schweden und Brasilien als Vorrundengegner gebracht hatte, war man noch etwas netter miteinander umgegangen. Senekowitsch und Merkel bummelten über die „Florida", die Top-Geschäftsstraße der argentinischen Hauptstadt. Senekowitsch, der den Schilling lieber umdrehte, bis der Adler quietschte, als ihn leichtfertig auszugeben, aber keineswegs – wie von bösen Zungen behauptet – einen Stacheldraht in der Tasche hatte, gefielen vor allem die Schuhgeschäfte. Nicht nur einmal sagte er: *„Max, schau her, die schönen Lederschuh, aber sooo teuer!"* Merkel fühlte mit, ehe ihm beim fünften Mal die Klagen über die so hohen Preise des wunderschönen hellbraunen Paars Lederschuhe auf die Nerven gingen. Also gab er Senekowitsch kurz, bündig und barsch im breiten Wienerisch den Tipp: *„Waaßt' wås, kauf' da nur an!"*

SENEKOWITSCH ließ es zu, dass mitunter auch er zum „Schmäh-Handkuss" kam, wenn einem der Spieler etwas Besonderes einfiel. Vor-

Zum Lachen hatte Teamchef Helmut Senekowitsch bei der spitzen Zunge von Sportdirektor Max Merkel nicht immer etwas. Mitunter sprühten auch die Funken, speziell in Argentinien vor der Weltmeisterschft 1978. Dort hatte es ein Jahr vorher einen lustigen Einkaufsbummel gegeben.

bereitung auf ein Länderspiel im Eisenbahnerheim in Kagran. Auf einem Trainingsplatz war in einer Ecke, auf Höhe der Tor-Outlinie, ein riesengroßes Gebüsch. Weil einer aus dem Kader leicht angeschlagen pausierte, ersetzte ihn Ex-Teamspieler Senekowitsch, machte beim abschließenden Trainingsspiel mit. Als Linksaußen. Bei der anderen Mannschaft spielte Stürmer Hans Pirkner diesmal in der Abwehr, forderte immer seine Gegner auf: *„Lange Bälle auf links, zum Seki!"* Einmal kam so ein langer Ball – Senekowitsch sprintete bis zur Tor-Outlinie, Pirkner ging auf den „Schnitt", wartete, bis der Ball in der Ecke war. Als Senekowitsch ausholte, flanken wollte, bekam er von Pirkner ein Reiberl – Senekowitsch flog verkehrt in den Busch, die Äste teilten sich. Es brauchte eine Minute, bis sich der Teamchef wieder irgendwie aus dem Gebüsch befreien konnte – mit heftigen Vorwürfen: *„Bist ja deppert, Hans, du Trottel!"* ...

ABER IMMER war Senekowitsch nicht so nachsichtig – vor allem die jungen Spieler mussten sich die Sporen erst verdienen, bis sie auf die

Güte des Teamchefs hoffen durften. Letzte Phase der WM-Vorbereitung in Österreich, Freundschaftsspiel abends in Amstetten. Zuvor war das Team beim Mirabell-Werk in Salzburg, in dem die berühmten Mozartkugeln hergestellt werden, eingeladen. Bei der Werksbesichtigung hieß die Devise der Firmenleitung für die Teamspieler: *„Ihr könnt wahllos zugreifen, nehmt, was ihr wollt!“* Senekowitsch war es gar nicht recht, dass die Spieler reichlich ungeniert davon Gebrauch machten. Das Mittagessen war dann auch nicht wenig. Als auf der Busfahrt von Salzburg nach Amstetten Walter „Schoko“ Schachner, damals noch junge Stürmerhoffnung des Zweitligisten DSV Alpine, sich wieder die eine oder andere Mozartkugel genehmigte, wurde es Senekowitsch zu bunt: *„Willst net endlich aufhören mit den Mozartkugeln? Wir haben abends noch ein Match!“*

IN AMSTETTEN in der Kabine wollte Senekowitsch noch eine kurze Besprechung abhalten. Er stand in der Mitte, redete – plötzlich hörten alle etwas rascheln. Senekowitsch schaute sofort in Richtung Schachner – der schluckte gerade wieder eine Mozartkugel runter. Mehr hatte er nicht gebraucht – Senekowitsch explodierte: *„Na, was glaubst denn du, wer du schon bist, weil du in der Qualifikation daheim gegen die Türken das Siegestor geschossen hast? Bist du schon ganz verrückt geworden?“*

In dieser Tonart ging es minutenlang weiter. Zum Drüberstreuen kam nachher Schachner zu Herbert Prohaska: *„Du, Schneck, ich kann nicht mehr spielen. Der hat mich jetzt so z'samm'g'haut und fertiggemacht, ich derpack' das nicht mehr!“* Daraufhin Prohaska: *„Schoko, wir sind das Nationalteam und das ist Amstetten. Das darf doch keine Rolle spielen!“* Schachner: *„Na, ich bin fix und fertig!“*

IM WM-QUARTIER, einem Gewerkschaftsheim in Moreno vor den Toren von Buenos Aires, wurde eine bereits in der Heimat einstudierte Eckballvariante mit Robert Sara und Schachner noch weiter geübt. Das war so geplant: Bei Eckbällen von rechts sollte Schachner den Ball nicht hineinflanken, sondern zurück zum heransprintenden Robert Sara spielen, der dann direkt übernehmen sollte – in die Mitte auf die Kopfballspezialisten Hans Krankl und Bruno Pezzey. Das wurde immer wieder geübt – vielen war schon fad.

Dann letztes Testspiel vor dem WM-Start in Moreno gegen eine argentinische Amateurmannschaft. Senekowitsch ermahnte noch: *„Und vergesst's mir nicht auf die Eckballvariante, meine Herren!“* Nach fünf Minuten erster Eckball von rechts – Sara sprintete wie befohlen heran, Schachner flankte aber sofort rein. Senekowitsch war außer sich, schmiss einen Zettel, den er in der Hand hielt, um sich Notizen zu machen, auf den Boden, trampelte darauf herum: *„Schoko, da pfeif' i drauf!“* Aber er vergaß seinen Ärger zum Glück wieder – und Österreichs erstes Tor bei der WM erzielte Walter Schachner gegen Spanien ...

VOR DEM WM-START gab es auch heftige Diskussionen um die sogenannten Kolumnisten unter den Spielern. Viele hatten Verträge mit den Zeitungen über exklusive WM-Kommentare – Krankl mit der „Kronen-Zeitung“, Prohaska mit dem „Kurier“, Hickersberger mit der „Presse“,

Das war im Winter 1976, bei einem Turnier in Saudi Arabien. In Riad sollten sich die österreichischen Nachwuchshoffnungen profilieren. Links neben Tormann Herbert Feurer steht Walter Schachner. Zwei Jahre später schoss er Österreichs erstes Tor bei der Weltmeisterschaft. Dabei hatte es der „Youngster" anfangs Teamchef Helmut Senekowitsch kaum Recht machen können. Der Kapitän der Zukunftstruppe, der hier den Wimpel tauscht, war Sportklub-Spieler Toni Wustinger.

Tormann Friedl Koncilia bei den „Oberösterreichischen Nachrichten". Plötzlich war dies den Verbandsfunktionären und der Delegationsleitung ein Dorn im Auge – also gab's heiße Debatten, ob das verboten wird oder erlaubt bleibt. Die zogen sich über Tage endlos dahin. Einen schien das nicht sonderlich zu irritieren – nämlich Hans Krankl. Der sagte gelassen zu „Krone"-Sportchef Michael Kuhn: *„Sollen sie's ruhig verbieten. Auch egal. Schreib' ich halt unter einem Pseudonym!"* Das wurde dann doch nicht notwendig, die WM-Kolumnisten wurden doch erlaubt ...

HATI
UNTERNEHMEN ARGENTINA.. '78
VOR LANGER ZEIT IN EINER WEIT WEIT ENTFERNTEN GALAXIS
ROBI
C3PO
MÖGE DIE MACHT MIT DIR SEIN
SCHORN
SCHORNS
DIE RÜCKKEHR DER
SEKI-RITTER

NUR WASSER VOM MINISTRANTEN

TROTZ DER ZWISCHENFÄLLE beim Eckballtraining und massiver Polizeibewachung war die Stimmung in Moreno eigentlich bestens – kein Wunder, wenn's Siege gibt. Zum WM-Aufgebot gehört damals auch ein Pfarrer namens Pechtl. Der suchte für seine Sonntagsmesse einen freiwilligen Ministranten: Hans Pirkner meldete sich. Er saß zwar stilvoll mit demütig gefalteten Händen beim Gottesdienst da – aber bei der Opferung wusste Pfarrer Pechtl, dass er mit dem Ministranten Pirkner keine optimale Wahl getroffen hatte. Denn der schenkte ihm nicht wie üblich Wein und Wasser ein, sondern nur Wasser ...

AUF DEN ZIMMERN der Spieler stand auch eine kleine Höhensonne. Der betont hagere, inzwischen leider verstorbene Sportklub-Spieler Günther Happich legte sich jeden Tag darunter. Weshalb sich Willi Kreuz echte Sorgen um ihn machte: *„Günther, bist wahnsinnig geworden? Wenn du abhäutelst, dann bist ja weg!"* ...

NACH ZWEI SIEGEN über Spanien und Schweden stand Österreichs Aufstieg vor dem letzten Gruppenspiel schon fest – die Heimat war im Freudentaumel, die Spieler fühlten sich in Argentinien richtig wohl. Speziell bei einer Asado, einem typisch argentinischen Grillfest. Riesige argentinische Steaks am Holzkohlengrill, die Musik spielte, Mariachi-Geigen, alles ausgelassen, Lachen ohne Ende. Knapp vor Mitternacht mahnte jedoch der Teamchef: *„Ab in die Betten, in vier Tagen geht's gegen Brasilien um den Gruppensieg!"* Der harte Kern mit Krankl, Kreuz, Krieger, Prohaska und Baumeister wollte aber noch sitzen bleiben, stand zwar auf, ging jedoch vom Restaurant nicht ins Hauptgebäude, wo die Zimmer waren, zurück, sondern nur um das Restaurant herum und wieder hinein. Noch eine Runde Bier, die Mariachi-Geigen erklangen wieder ...

TEAMMASSEUR PEPI FLENNER musste jedoch auf Befehl des Teamchefs Zimmerkontrollen machen – und als er bemerkte, wer da fehlte, meldete er dies Senekowitsch und seinem Assistenten Georg Schmidt. Die ahnten natürlich, wo ihre Pappenheimer waren, kamen mit Flenner als Verstärkung ins Restaurant zurück, wo die sechs in bester Laune an einem Tisch beim letzten Bier saßen. Senekowitsch ging um sie herum, schaute die Sünder an, sagte zu den fünf Stammspielern nur *„Aha!"* und zum Reservisten Baumeister, bevor er wieder ging: *„Baumeister, wir zwei sprechen uns noch morgen!"* Daraufhin rief Baumeister dem Teamchef nach: *„Wieso, sitz' ich vielleicht allein an diesem Tisch?"*

Aber auch für ihn gab's keine Konsequenzen wegen der Festverlängerung. Trotzdem folgte für einen vor dem letzten Gruppenspiel gegen Brasilien in Mar del Plata ein unangenehmer Zwischenfall: Franz Oberacher wurde beim Abschlusstraining, gerade als er zum Schuss ansetzte, vom Schäferhund des Platzwartes in das werte Hinterteil gebissen. Für dieses Spiel fiel er aus ...

IN MAR DEL PLATA spielten Pirkner und Co. dem Grazer Journalisten Harald Schaupp, dessen tägliche Glosse „Ohne Glacéhandschuhe" hieß, einen Streich. Schaupp trug gerne karierte englische Sportkappen. Als er ins Mannschaftshotel zur Pressekonferenz vor dem Spiel kam, hängte er die Kappe auf einen Haken in der Garderobe. Die Pressekonferenz nützte Pirkner, um in dieser Zeit den Schweißrand innen in der Kappe mit Ruß aus dem offenen Hotelkamin einzuschmieren. Pressekonferenz vorbei, Schaupp wollte gehen, setzte die Kappe auf – Pirkner, der Schaupp aus seiner Zeit in der Steiermark bei DSV Alpine sehr gut kannte, kam zu ihm: *„Geh, Harry, bleib doch noch da, trink noch einen Kaffee mit uns!"* Schaupp ließ sich überreden, nahm die Kappe wieder ab – auf seiner Glatze war deutlich ein „Rußrandl" zu sehen. Edi Krieger bekam einen Lachkrampf – Schaupp fand's nicht so lustig. Die Kommentare „ohne Glacéhandschuhe" waren in der „Kleinen Zeitung" nach dem 0:1 gegen Brasilien noch etwas spitzer als sonst ...

Tattoo`s für Rapidfans

Identifiziere dich mit deinem Verein

Immer öfter sieht man bei TV-Übertragungen von Sportveranstaltungen, mit welcher Begeisterung sich die Anhänger mit den Farben des Vereins oder auch des Landes, das Gesicht bemalen. Vereinslogos wie das des SK Rapid sind meist sehr schwierig nachzumalen und werden deshalb nicht verwendet. So ist die Idee entstanden, Tattoos herzustellen, die einfach und sauber auf der Haut anzubringen sind. Mit diesem neuartigen Fantattoo ist es jetzt möglich sich als echter Rapidfan zu identifizieren.

Als erster Bundesligaverein in Österreich hat sich der SK Rapid entschlossen, dieses innovative Produkt als offiziellen Fanartikel in sein Sortiment aufzunehmen.
Die Tattoo`s sind hautfreundlich schnell und einfach aufzubringen und nach dem Spiel ebenso leicht zu entfernen.

Das **Originallogo ist als Rapidtattoo** erhältlich, wobei an weiteren kreativen Entwürfen in Abstimmung mit dem Verein gearbeitet wird. Geplant sind unter anderem einfarbige Tattoo`s, die einer echten Tätowierung sehr ähnlich sind, und Oberarmtattoo`s in den Vereinsfarben.

Erhältlich sind die Rapidtattoo`s im Internet unter www.fantattoo.com unter der Rubrik: Österreich-Vereinslogos und in ausgewählten Fanshops des SK Rapid.

Set-Bestellung mittels Fax

01/ 409 4 666 20

€ 5,-
(ÖS 68,80)

8 wasserfeste tattoo`s im Set

Die ersten hundert Besteller erhalten ein Tattoo zusätzlich kostenlos!

Name: ______________________________

Vorname: ______________________________

Straße: ______________________________

PLZ: ________ Ort: ______________________

Ich bestelle   Set(s) RAPID-fantattoo`s zum angegebenen Preis von € 5/Set per Nachnahme auf die obige Adresse.

Datum	Unterschrift

WO BLEIBT DENN DIE OMAMA?

IN DER ZWISCHENRUNDE war es aber dann mit der Herrlichkeit Österreichs leider vorbei – 1:5 gegen Ernst Happels Holland, 0:1 gegen Italien, da half auch das historische 3:2 gegen Deutschland in Cordoba mit den zwei Toren von Hans Krankl nichts mehr. Für das Semifinale der letzten Vier war das zu wenig. In dem war Österreich nur durch Happel und den Linzer Referee Erich Linemayr vertreten. Beide kamen ins Finale. Happel als Hollands Teamchef, Linemayr als Linienrichter.

BEI ÖSTERREICHS LETZTEM SIEG gab's einen historischen Zwischenfall: Kurt Jara, damals Legionär beim MSV Duisburg, tauschte mit seinem Duisburger Mannschaftskameraden im deutschen Team, Torjäger Ronnie Worm, schon mehr als eine Stunde vor dem Anpfiff im Kabinengang die Dressen. Der Grund für die besondere Freigiebigkeit: Jara war bei Senekowitsch nach dem 1:5 gegen Holland in Ungnade gefallen, wusste, dass er nicht einmal auf der Ersatzbank sitzen wird. Gab also ganz ruhig seinen Dress ab. Bei Worm brach jedoch vierzig Minuten vor Anpfiff die Panik aus, als er vom damaligen Teamchef Helmut Schön erfuhr, dass er aus irgendeinem Grund doch auf der Ersatzbank sitzen musste. Worm ließ im ganz Stadion nach Jara „fahnden", der war aber nirgends aufzutreiben. Also musste Worm kleinlaut zu Schön gehen, eingestehen: *„Ich hab' keinen Dress mehr, ich kann nicht Ersatz sein!"* Daraufhin Schön: *„Red' nicht so einen Kokolores!"* Das ist ein hochdeutscher Ausdruck für Schwachsinn – es war tatsächlich kaum zu glauben, entsprach aber den Tatsachen. Vielleicht verhinderte Jara mit dem Dressentausch sogar, dass Worm eingewechselt wurde und vielleicht Österreichs Sieg in Gefahr gebracht hätte ...

ALS ÖSTERREICHS SPIELER längst in Rio de Janeiro am berühmten Copacabana-Strand lagen, es sich gut gehen ließen oder bereits daheim waren, spielte Happel in Buenos Aires mit Holland um den Weltmeistertitel. Über ihn und die Holländer wurden damals die wildesten Geschichten verbreitet – dass er mit den Spielern nicht rede, dass es internen Zoff mit Schlägereien gegeben habe etc.. Kein Wunder, dass Happel damals auf Journalisten nicht gut zu sprechen war. Er übernahm mit Holland das Österreich-Quartier in Moreno – dort riesiger Andrang zur letzten Pressekonferenz vor dem Finale gegen Argentinien. Happel ließ via Pressechef die Medienvertreter warnen: *„Bei der ersten dummen Frage stehe ich auf und gehe!"* Die dritte Frage galt der Aufstellung – Happel wertete sie als „blöd" und ging. Zum Kaffee mit den wenigen österreichischen Journalisten, die in Argentinien geblieben waren, mit denen er sich schon vorher verabredet hatte ...

NACH DEM 1:3 gegen Argentinien im Nachspiel wieder das gleiche Bild – Happel redete nur mit den Österreichern, ließ die internationale Pressekonferenz in seinem Kauderwelsch, dem „Happel-Esperanto" mit deftigen Worten (*„Zu diesen Scheißfiguren gehe ich in erster Instanzi nicht"*) sausen. Ihn ärgerte das Pech – in letzter Minute der regulären Spielzeit hatte die Stange Hollands Siegestreffer durch Rensenbrink und den WM-Titel verhindert. Happel behauptete jedoch: *„Dann hätte der italienische Referee so lange nachspielen lassen, bis Argentinien irgendwie der Ausgleich gelungen wäre"*.

IN HOLLAND wurden die Finalverlierer aber nach der Rückkehr gefeiert – sogar mit einem Empfang für die Vizeweltmeister bei Königin Juliane. Der Teamchef musste da selbstverständlich dabei sein – die Wartezeit im königlichen Schloss passte Ernst Happel aber gar nicht. Als er statt der Königin nur Johan Friso, den damals achtjährigen Sohn von Kronprinzessin Beatrix, der Tochter von Königin Juliane sah, fragte er ihn: *„Wo bleibt sie denn, die Omama? Sag ihr, ich hab nicht mehr viel Zeit. Ich muss schon nach Velden!"* Happel sehnte sich nach seinem traditionellen Urlaub am Wörther See ...

Königin Juliane empfing 1978 Hollands Vize-Weltmeister. Ernst Happel dauerte die Wartezeit zu lange, daher beschwerte er sich beim Sohn von Kronprinzessin Beatrix (unten).

SCHUTZGELDER IN VIOLETT

NACH DER WM in Argentinien wollte Helmut Senekowitsch nicht bleiben, sondern seine Teamcheferfolge in bare Münze umsetzen – das gelang in Mexiko, Spanien, Griechenland und Deutschland. Sein Nachfolger war der ehemalige Teamstopper und Austria-Meistermacher Karl Stotz. Der brachte einen Masseur mit, den er von seinen violetten Zeiten genau kannte: Georg „Schurl" Schreitl, von seinen Fans liebevoll „Hexer" genannt. Und das, obwohl sich auch Stotz in seiner Austria-Zeit mitunter über Schreitl, der beim geselligen Zusammensitzen herzzerreißend die „Capri-Fischer" singen konnte, dabei den Gesang noch durch Paddel-Bewegungen mit den Händen „untermalte", ärgern musste.

ETWA ALS SCHREITL einmal das Massieren der Spieler vor dem Match unterbrach, obwohl vier noch nicht massiert waren. Weil ihm die Spieler anboten: *„Papa, wennst dreimal mit dem Ball gaberln kann, kriegst von jedem 500 Schilling!"* Prohaska: *„Der hatte Eisen-Füß', ohne jedes Gefühl!"* Daher keine Aussicht auf die 5000 Schilling, obwohl er es über eine halbe Stunde lang probierte. Plötzlich kam Stotz in die Kabine: *„In zwoi Minuten gehen wir Aufwärmen. Schurl, sind alle fertig?"* Als Stotz erfuhr, dass vier noch nicht massiert waren, geriet er in Rage. Schreitl antwortete kühl: *„San's net so haklich!"*

MIT SCHREITL-ANEKDOTEN könnte man allein ein ganzes Buch füllen. Vor dem „Mister Austria" Joschi Walter hatte er Riesenrespekt. Und daher sagten die Spieler oft in der Kabine, wenn sie Schreitl erschrecken wollten: *„Grüß Gott, Herr Walter!"* Der Hexer zuckte zusammen. Eines Tag stand Walter wirklich in der Kabine – Schreitl bemerkte nichts. Prohaska wurde gerade massiert, sagte: *„Schurl, des is a Wahnsinn. Du bist jünger als der Joschi Walter, schaust' aber viel älter aus!"* Darüber regte sich Schreitl fürchterlich auf: *„Ja, ist denn des a Wunder? Der hat ja nie was g'hackelt in sein Leb'n, hat nie ein' Handgriff machen müssen. Ich dagegen hab' immer parabert!"* Mitten im Satz ertönte Walters Stimme: *„Servas, Schurl, wie hab'n wir's denn?"* Schreitl erstarrte zur Salzsäule.

AUSTRIA-TRAININGSLAGER in Obertraun in der Ära von Ernst Ocwirk. Der damalige Torjäger Helmut Köglberger tänzelte im Stile von Muhammad Ali um Schreitl herum, forderte ihn zum Boxkampf. Schreitl lehnte zunächst entrüstet ab – bis die Spieler Geld einsetzten. Da wurde der „Hexer" wie immer hellhörig. 500 Schilling

Helmut Köglberger (rechts) ging gegen „Schurl" Schreitl schwer k.o. – das hätte dem Masseur bei Ernst Ocwirk fast den Job gekostet. Joschi Walter (links) schaut hier zwar sehr skeptisch – aber in Wahrheit war der „Mister Austria" für jeden guten Schmäh sofort zu haben.

war damals jedem ein Boxkampf zwischen Schreitl und Köglberger wert. Also fand er statt. Schreitls Schilderung: *„Der Köglberger ist nur vor mir herumgesprungen. Ich hab' nur angedeutet, einen Schritt vor und z'rück gemacht. Einmal hab' ich ihm eine geben!"* Köglberger fiel, schlug mit dem Kopf auf, verdrehte die Augen – bewusstlos. Als er Ocwirk dann noch die Meldung von der K.o.-Niederlage gegen Schreitl machte, hätte dies dem fast den Job gekostet ...

ZU DEN BESTEN FREUNDEN Schreitls zählte Austrias ehemaliger Zeugwart Leopold Seidl. Einmal schauten beide, während die Mannschaft trainierte, aus dem offenen Fenster der Austria-Kabine im Praterstadion ins Innere, sahen einen Hammerwerfer trainieren. Der machte irgendwelche komische Bewegungen und Übungen – Seidl rief: *„Deppater!"* und duckte sich prompt, ward nicht mehr zu sehen. Schreitl bekam die Versteckaktion des Zeugwarts nicht mehr mit, schaute mit lachendem Gesicht aus dem Fenster, als sich der Hammerwerfer langsam umdrehte und drohte: *„Wenn'st noch einmal Deppater zu mir sagst, reiß ich dir den Schädel ab!"* Schreitl war entrüstet: *„Wieso? Des war ja net ich, sondern der da!"* Und zeigte nach rechts. Doch da stand keiner mehr ...

NOCH EINE SCHNURRE vom Duo Schreitl-Seidl. Austria-Trainingslager in Schielleiten. Beide gingen abends nach getaner Arbeit zum Heurigen, kehren leicht illuminiert zurück, liefen so Trainer Ernst Ocwirk über den Weg. Der machte ihnen Vorhaltungen: *„Was sollen sich die Spieler denken? Die müssen hart arbeiten, ihr geht lumpen, betrinkt euch!"* Daraufhin protestierte der Zeugwart: *„Ich bin doch nicht betrunken, Herr Buzek!"* Worauf Schreitl seinem Freund den Ellbogen sanft in die Rippen rammte: *„Sag' net Buzek zu eahm!"*. Der war nämlich zu dieser Zeit gerade ein Austria-Spieler ...

EINES TAGES fuhr Austrias Supertechniker Felix Gasselich durch Kaltenleutgeben. Als er Schreitl aus einer stattlichen Villa kommen sah, blieb er stehen, fragte ihn: *„Wen massierst denn du da wieder außertourlich als Pfusch in dieser Villa? Das muß ja eine zahlungskräftige Kundschaft sein!"* Darauf Schreitl ganz erschrocken: *„Das Haus gehört ja mir – aber erzähl's keinem. Sonst sticht ja keiner mehr ab!"* Gasselich erzählte es aber allen – da stockten die Zahlungen für den Masseur. Denn „abstechen" hieß bei Schreitl soviel wie Trinkgeld zahlen. Für viele war es auch irgendwie ein violettes Schutzgeld ...

Seinen „schönen Buam" Herbert Prohaska pflegte der „Hexer" Georg Schreitl besonders hingebungsvoll. Hier 1979 bei Austrias Europacup-Spiel in Dresden (hinten Erich Obermayer).

WENN EIN NEUER zur Austria kam, fragte Schreitl die Stammspieler: *„Habt's ihm schon g'sagt, was der Stich ist?"* Wenn die Spieler am Ersten ihr Gehalt bekamen und den „Stich" bei Schreitl nicht ablieferten, machte er sie darauf aufmerksam. Und zwar eindringlich: Er massierte die Spieler damals mit Mandelmilch und Traforil. Als Prohaska einmal am Dritten des Monats auf der Massagebank lag, war die Mandelmilch, mit der er massiert wurde, plötzlich nicht mehr wie sonst weiß, sondern Vienna-gelb. Darauf Prohaska: *„Was soll das? Die Mandelmilch ist ja schon ranzig!"* Schreitls Antwort: *„Ahso? Hast' vielleicht was vergessen?"* Da dämmerte es Prohaska: *„Jessas, morgen kriegst dein Stich!"* Darauf Schreitl: *„Na wart, da hab' ich noch ein anderes Flaschl. Und ein frisches Handtuch kriegst auch, mein schöna Bua!"* Der Stich – also doch Schutzgeld gegen ranzige Mandelmilch!

Als Schreitl aber eines Tages mit einem goldenen Mercedes-Schlüsselanhänger kam, stellte ihn Prohaska zur Rede: *„Einen Mercedes fahren, einen goldenen Anhänger haben und noch einen Stich kassieren wollen?"* Darauf stotterte Schreitl: *„Der Mercedes ist nur übertragen und den Anhänger hab' ich von der Gräfin bekommen, die ich immer massier'."* ...

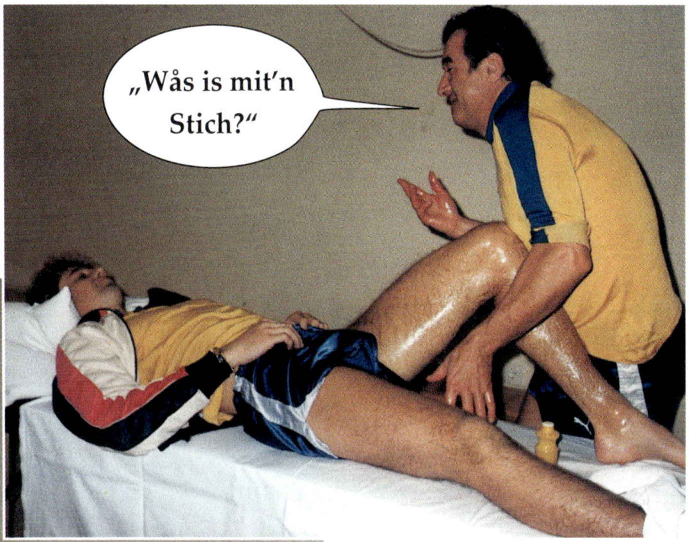

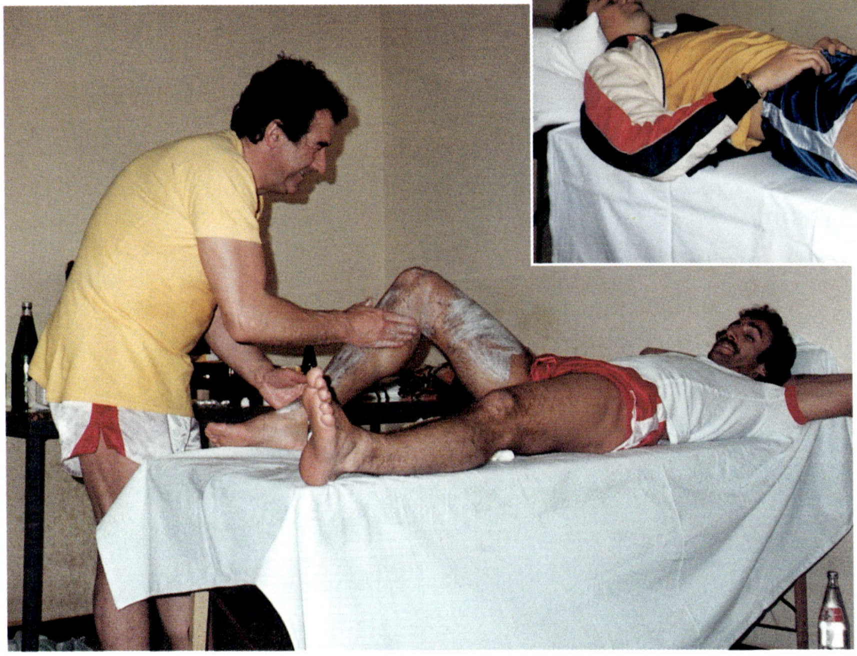

Abg'stochen, alles in Ordnung! Dann wird mit weißer Mandelmilch massiert (hier bei Kurt Welzl), nicht mit ranziger ...

SCHREITL war bei der Austria auch für das Wecken der Spieler zuständig. Und wenn ein Spieler nicht rechtzeitig beim Frühstück saß oder bei der pünktlichen Busabfahrt fehlte, zählte auch immer der „Schurl“ zu den Schuldigen. So auch bei einem Freundschaftsspiel der Austria nach Meisterschaftsschluss in Nantes. Am nächsten Tag in der Früh ging's mit dem Bus nach Paris. Dann ein freier Tag in der Seine-Metropole – dann Heimflug. Nach dem Spiel kein Zapfenstreich – es war ja praktisch schon Urlaub. Als die Letzten ins Hotel zurückkamen, zwitscherten schon die Vögel. Die Letzten waren Ernst Baumeister und der rothaarige Stürmer Willi Pöll – der eine halbe Stunde vor dem Wecken und nicht mehr in einwandfreiem Zustand. Pöll legte sich mit dem Anzug aufs Bett. Als Schreitl ins Zimmer kam, sah er, dass Pöll im Anzug war, sagte nur: *„In 15 Minuten ist Frühstück!“* Aber Pöll schlief sich die Folgen der Nacht aus und hörte nichts mehr. Alle saßen nach dem Frühstück schon im Bus – nur Pöll fehlte. Daraufhin Stotz zu Schreitl: *„Hearst, Schurl, hol den Pöll endlich!“* Daraufhin Schreitl: *„Der muß jeden Moment da sein, der war schon angezogen, bereits im Anzug!“* Mit vereinten Kräften bekam man ihn doch in den Bus – Pöll litt bis nach Paris Höllenqualen ...

SCHREITL hatte nicht nur in Frankreich „Probleme“ mit dem Wecken, sondern noch viel ernstere auf einer Tournee durch Mittel- und Südamerika. Austria gerade in Costa Rica, in einer riesigen Hotelanlage: Wegen der weiten Wege musste er daher telefonisch wecken – das machte der „Hexer“ überhaupt nicht gerne. Prohaska war mit seinem Freund Drazan auf einem Zimmer, daneben Obermayer und Baumeister. Die Zwischentüre ließen sie sich wie meist aufsperren – freier Durchgang zu den Kartenpartien. Mit wechselndem „Heimvorteil“. Um acht Uhr läutete im Prohaska-Zimmer das Telefon, Drazan hob ab, hörte den bekannten Schreitl-Spruch: *„Guten Morgen, meine schönen Buam. Acht Uhr, halb neun Uhr Frühstück!“*

Drazans Standardantwort: *„Danke, Papa!“*.

Fünfzehn Sekunden später läutete wieder das Telefon: *„Servas, schöne Buam!“*

Drazan fiel ihm ins Wort: *„Hearst, Schurl, was is? Du hast ja schon angerufen.“*

Schreitl entschuldigte sich: *„Dann hab' ich mich geirrt“*. Hängte auf.

Kurz darauf wieder Anruf: *„Servas, schöne Buam, acht Uhr!“* Weiter kam er nicht – die Antwort Drazans fiel deftig aus: *„Hab'ns' dir ins Hirn g'mächt? Jetzt rufst schon zum dritten Mal bei uns an!“*

Der „Hexer“ wurde nervös, legte nach den Worten *„Wås waaß denn i?“* wieder auf.

Zweieinhalb Minuten später pumperte es an der Tür. Drazan machte auf, davor ein atemloser Schreitl. *„Halb neun Uhr Frühstück, des depperte Telefon ist hin!“* Drazan: *„Jetzt rufst dreimal an, pumperst auch noch an, was ist da los?“*

Schreitl hatte es eilig, ging zum Obermayer-Zimmer, klopfte an. Inzwischen war aber Drazan innen durch die Verbindungstür gelaufen, machte die Tür wieder auf, brüllte Schreitl an: *„Willst uns net endlich in Ruh lassen?“* Darauf Schreitl: *„Habt's mi' gern, jetzt kenn ich mi' überhaupt nimmer aus!“* Und alle anderen krümmten sich vor Lachen ...

Egal, ob wie hier bei der Nationalmannschaft oder bei der Austria – der Masseurkoffer und der Thermophor durften nie fehlen, wenn „Schurl" die lädierten Spieler am Rasen behandelte.

SCHREITL ließ sich bei den Heimspielen liebend gerne von den Fans feiern, nahm immer nach der Behandlung der angeschlagenen Spieler am Feld den weitesten Weg zur Betreuerbank. Und wenn die *„Schurl! Schurl!"*-Rufe ertönten, winkte er mit dem Thermophor, den er meist in der rechten Hand trug, ins Publikum. Das gehörte zum Austria-Ritual, fast wie das Amen im Gebet. Einmal wollten die Spieler aber Schreitl reinlegen – weit weg von der Betreuerbank wälzten sie sich nach Fouls schmerzverzerrt am Boden herum. Schreitl sprintete zur Behandlung hin – aber immer, wenn er nur noch drei Schritte vom „Schwerverletzten" entfernt war, sprang der auf, lief weg, als wäre nie etwas geschehen. Das passierte, dreimal, viermal – nach dem fünften Mal brüllte Schreitl mitten am Feld vor dem Schiedsrichter empört auf: *„Es Trotteln, es könnt's mich alle gern haben. Selbst, wenn sich einer den Hax'n bricht, komm' i nimmer, bleib' i sitzen!"* ...

WATSCHEN VOR DEM DERBY

MITUNTER wurde bei der Austria aber der Ärger nicht nur von verbalen Wutausbrüchen begleitet. Manchmal gab es auch handfeste Reaktionen. Selbst unter Brüdern. Wieder einmal Derby Austria – Rapid im Praterstadion. Die Austrianer standen am Spielfeldrand, sahen beim Vorspiel zwischen den Trabfahrern aus der Krieau und Galopper-Jockeys aus der Freudenau zu. Schiedsrichter: Ex-Boxidol Joschi Weidinger. Dem waren als Andenken an die Schläge, die er in seiner glanzvollen, erfolgreichen, aber auch langen Karriere einstecken musste, leider auch Gleichgewichtsstörungen geblieben. Deshalb kam er mitunter ins Stolpern, wenn er am Spielfeld umherging oder lief, um mit Jockeys und Trabfahrern auf Ballhöhe zu sein. Robert Sara beobachtete das genau, konnte das nicht fassen: *„Na, schau dir das an, der fliegt ja fast nieder“*. Und weil ihm der Name Joschi Weidinger partout nicht einfallen wollte, sagte er: *„Der Schmeling. Na bitte, schau dir den an, den Schmeling. Schon wieder fliegt er fast nieder“*.

Daraufhin verbesserte ihn sein jüngerer Bruder Josef: *„Das ist doch nicht der Schmeling. Das war der berühmte deutsche Boxweltmeister, der gegen Joe Louis gekämpft hat. Der da ist der Weidinger!“* Darauf konterte Robert Sara leicht gequält: *„Hör auf, das weiß ich doch eh!“*

Die Szene wiederholte sich öfters. Immer, wenn Robert sagte: *„Na, schau dir das an, schon wieder ist der fast niederg'fallen, der Schmeling“*, kam Josefs Einwand, in immer strafenderem Tonfall: *„Weidinger, Robert, Weidinger heißt er!“* Robert gingen die belehrenden Zwischenrufe des jüngeren Bruders schon auf die Nerven: *„Ja, lass' mich in Ruh, ich verwechsl' die zwei halt immer!“*

Nach zwei Minuten wieder Robert: *„Schau, schau dir an, wie er stolpert“* – Namen sagte er keinen mehr, sondern fragte: *„Na, wie heißt er denn?“* Darauf antwortete Josef wie aus der Pistole geschossen: *„Schmeling!“* Jetzt reichte es Robert. Er drehte sich um, haute dem aufmüpfigen Sepperl eine Mordstrumm Watsch'n runter: *„Schmeling, Schmeling! Wenn'st mich häkerln willst, musst schon früher aufsteh'n!“* Austria gewann trotz der „Watsch'n-Affäre“ unter Brüdern das Derby ...

DABEI GALT SARA normalerweise als besonnen, war bei „Notfällen“ oft der letzte Rettungsanker. So auch für den Nachfolger Leopold Seidls als Zeugwart, der es sich Mitte der Achtzigerjahre partout in den Sinn gesetzt hatte, den ungarischen Star Tibor Nyilasi, der im Mannschaftskreis eigentlich selten aus sich herausging, während eines Ausflugs vom Trainingslager Lindabrunn bei einem Essen auf der Burg Lockenhaus „einzu-

Robert Sara gegen Rapid-Stürmer Christian Keglevits (am Boden). Hinten sichert sein Bruder Josef. Vor einem Derby hatte es aber zwischen den Saras gekracht. Wegen Joschi Weidinger.

Schon beim Debüt in Violett war Andi Ogris ähnlich giftig wie Jahre später zu seinen Austria-Glanzzeiten

trankeln". Das Vorhaben misslang gründlichst – Nyilasi verließ Lockenhaus in einwandfreiem Zustand, der Zeugwart musste angeschlagen in den Autobus gebracht werden. Der Kopf war schwer, er schlief während der Fahrt zurück nach Lindabrunn. Bemerkte nicht, wie ihm seine künstlichen Zähne aus dem Mund auf den Boden fielen, dort liegen blieben. In Lindabrunn ging der Zeugwart sofort schlafen, erst am nächsten Morgen bemerkte er den Verlust seiner Zähne, den er sich partout nicht erklären konnte. Also ging er in seiner Not zu Kapitän Robert Sara und Karl Daxbacher aufs Zimmer, flehte sie fast an: *„Robert und Karli, ihr seid's die einzigen ehrlichen Menschen da. Sagt's mir bitte, wer hat mir die Zähne gestohlen?"* Auch die ehrlichen Menschen konnten dem verzweifelten Zeugwart nicht helfen. Erst im Verlauf des Tages klärte sich alles auf, als der Buschauffeur wieder kam und in einem Nylonsackerl ein künstliches Gebiss vorbeibrachte, von dem er nicht wusste, wem es gehörte ...

FAST ZU HANDGREIFLICHKEITEN wäre es auch Jahre später beim Debüt von Andi Ogris in der Kampfmannschaft gekommen. Freundschaftsspiel in Klingenbach, Ogris dribbelte, schoss aus schwierigem Winkel über das Tor. In der Mitte wäre Ewald Türmer, damals Teamspieler, völlig frei gestanden. Und darum sagte der Kärntner Türmer zu Ogris in strafendem Ton: *„Bua, bei uns spielt man den Ball auch ab!"* Das ließ sich der giftige, aggressive Ogris auch als junger Debütant nicht sagen. Er machte zwei Schritte auf Türmer zu, brüllte: *„Was willst denn, du G'scherter? Dich haben's mit der trockenen Semmel aus dem Wald g'lockt, nur so bist nach Wien gekommen!"*
Egal, ob die Saras, Prohaska oder später Ogris – alle waren sie Schreitls „schöne Buam!" ...

RAYMOND WEIL
GENEVE
Parsifal
Kollektion Parsifal, Gehäuse und Band
18 Kt. Gold – gehärteter Edelstahl,
Saphirglas kratzfest, 50 m wasserdicht,
Sicherheitsfaltschließe
www.raymond-weil.com

ENTFÜHRUNGSALARM IN CANDAS

BEI DER WM 1982 in Spanien gehörte Schurl Schreitl zum Betreuerstab – Karl Stotz hingegen nicht mehr. Der wurde von Sekanina nach der geschafften Qualifikation in einer Nacht- und Nebelaktion gefeuert. Eine Qualifikation, bei der es auch „Nebengeräusche" gegeben hatte. Friedl Koncilia, bis dahin unantastbare Nummer eins im Tor, zog sich im Herbst 1980 vorübergehend selbst aus dem Verkehr – monatelange Sperre in der Meisterschaft, weil er nach einem 1:1 der Austria im Grazer Liebenau-Stadion gegen den GAK den Grazer Stürmer Werner Gregoritsch (der bis Mitte September dieses Jahres erfolgreicher GAK-Trainer war) mit einem Kopfstoß insultiert hatte. Also kam Herbert Feurer von Rapid ins Teamtor, nutzte seine Chance. In seinen ersten drei Länderspielen dreimal gewonnen, nur ein Tor kassiert. Darunter auch beim 1:0

AUSG'STECKT IN LINDABRUNN: Das Schrei-Kra-Duo spielt auf.

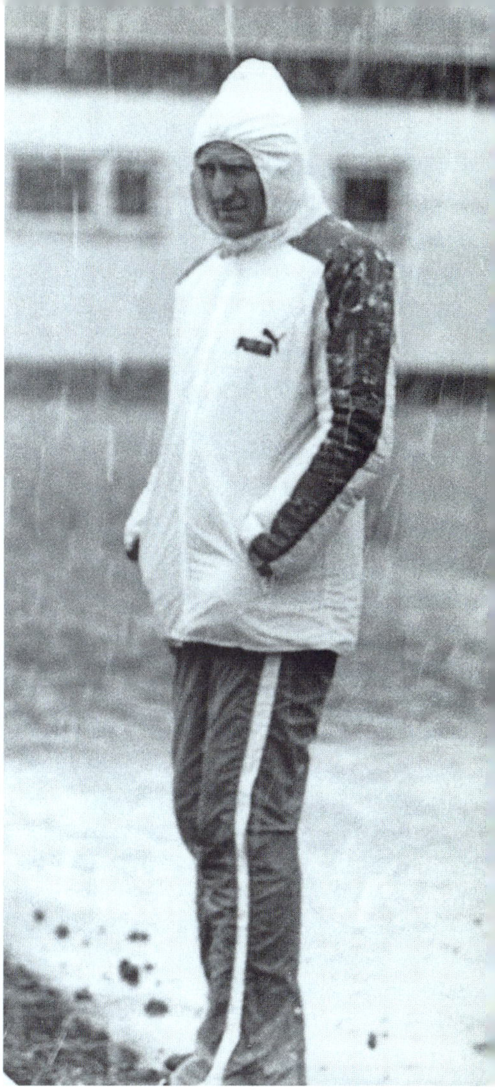

Niki Lauda höchstpersönlich flog 1980 das Nationalteam zur Vorbereitung auf das Match in Albanien nach Titograd. Das dortige Testspiel wurd zur Gatschschlacht, bei dem Teamchef Karl Stotz ein paar Maßschuhe im Morast verlor. Für Karikaturisten wurde damals albanisches Geld durch die österreichische Fußballszene bereichert.

„Wer ist Koncilia?“ Gegen Bulgarien spielte Herbert Feurer. Und das zu Null.

gegen Albanien im Dezember 1980 in Tirana. Davor hatte sich Stotz etwas einfallen lassen: Fünf Tage Trainingslager im damaligen Jugoslawien, in Titograd, das heute Podgorica heißt, die Hauptstadt von Montenegro ist. Dort gab's zwar keine Schneefälle wie in Österreich, aber Dauerregen. Daher wurde das angesetzte Probespiel gegen den jugoslawischen Klub Buducnost Titograd zur großen „Gatschschlacht". Nach der Pause blieb der Grazer Andi Pichler verletzt in der Mitte des Platzes liegen, es gab einen kleinen Wirbel – Stotz wollte auf das Feld laufen, seine etwas aufgebrachten Spieler beruhigen. Es blieb beim Vorsatz – er blieb nämlich mit seinen Maßschuhen mitten am Weg im Morast stecken. Als er weiterlaufen wollte, stand er in Socken da. Die teuren Schuhe waren nicht mehr zu retten ...

NACH DEM 1:0 in Albanien kam im Frühjahr 1981 das heiße Prestigeduell gegen Deutschland in Hamburg. Koncilias Sperre war da schon vorbei. Daher gab es für die Medien ein gefundenes Thema: Wer spielt in Hamburg im Tor? Der routinierte Koncilia oder Konkurrent Feurer? Die Frage stellte sich dann in letzter Konsequenz nicht, weil sich Feurer beim Training in Hamburg eine Fingerverletzung „nahm" – mit Koncilia verlor Österreich 0:2. Ein Monat später das Heimspiel gegen Bulgarien in Wien, das unbedingt gewonnen werden musste. Wieder Tormanndiskussionen. Also fragte der heute bekannte TV-Unterhaltungsmann, „Willkommen Österreich"-Präsentator und „Vera"-Stellvertreter Dieter Chmelar, damals hoffnungsvoller Nachwuchsredakteur der Arbeiter-Zeitung, bei einem Training in Lindabrunn, als er hinter dem Tor vorbeiging, Feurer, wer denn am Sonntag spielen werde: Koncilia oder doch er. Feurer hatte damals drei Länderspiele bestritten, Koncilia schon 57. Dennoch drehte sich Feurer um, antwortete schlagfertig und frech: *„Wer ist Koncilia?"* Das war seine einzige Reaktion, die Chmelar am nächsten Tag veröffentlichte. Es gab daraufhin einen Riesenstunk, Koncilia redete deshalb fast ein halbes Jahr kein Wort mit Feurer. Der spielte gegen Bulgarien in Wien (2:0), gegen Finnland in Linz (5:1) sowie beim für das WM-Ticket entscheidenden 0:0 in Bulgarien. Und ist heute noch überzeugt, dass seine schlagfertige, freche Antwort Chmelars Karriere entscheidend lancierte, er sozusagen Chmelars Lehrmeister ist.

DAS WM-QUARTIER, ein Hotel im Fischerdorf Candas zwischen Oviedo und Gijon, hatte noch Stotz vor seiner Ablöse ausgesucht. Als die Mannschaften wenige Tage vor WM-Beginn ankamen, herrschte in Spanien Alarmstufe eins – die baskische Terrororgansiation ETA hatte Entführungen wie zuvor im Frühjahr von Barcelonas Stürmerstar Quini, der erst nach einem Monat befreit wurden konnte, angedroht. Es gab Spieler, auf die in punkto Sicherheit von der Polizei mehr Augenmerk gelegt wurde – dazu gehörte als früherer Barcelona-Goleador auch Hans Krankl. Im Hotel waren die ersten fünf Stockwerke belegt, Stock sechs und sieben abgesperrt. Da patroullierten die Sicherheitskräfte, konnte man nicht weiter. In den Etagen acht und neun wohnte der WM-Teilnehmer Österreich. Im zehnten Stock war das Restaurant. Aber von dort konnte man mit dem Lift nur wieder ins Erdgeschoß fahren.

„Ein bisserl mehr Temperament, meine Herren!"

Keine offenen Ohren fand, trotz des WM-Tickets für Spanien, Teamchef Karl Stotz bei ÖFB-Präsident Karl Sekanina (unten Mitte). Der Bautenminister feuerte ihn gnadenlos. Interessierter Zuhörer: Franz „Bimbo" Binder.

„Trainer, so schauen S'um Wochen jünger aus ..."

Schlafwandler Max Hagmayr sorgte in Candas sogar für Entführungsalarm.

Nicht nur Schlafwandler Hagmayr sorgte bei Teamchef Georg Schmid in Candas für Aufregung.

Zimmerpartner Klaus Lindenberger wurde von Schlafwandler Hagmayr sogar gewürgt.

EINES NACHTS wurden Herbert Feurer und Hans Krankl auf ihrem Zimmer wach – draußen am Gang ein riesiger Lärm mit einer schrillen Stimme: *„Hilfe! Hilfe! Des bin ja net i, des bin ja net i!"* Auf das hinauf gerieten Krankl und Feurer leicht in Panik, verbarrikadierten die Tür, sperrten sich im Badezimmer ein. Die nackte Entführungsangst regierte. Nach einigen Minuten war die Schreierei am Gang zu Ende, herrschte Ruhe. Krankl schlug Feurer vor: *„Komm, geh raus, sperr die Tür auf, schau nach, was los ist!"* Feurer hielt davon aber herzlich wenig.

Als auch noch zehn Minuten länger nichts mehr zu hören war, wagte sich Krankl hinaus auf den Hotelgang. Wo der Wachposten hätte sein sollen, war aber keiner. Ein äußerst alarmierendes Zeichen. Auch im Stock darunter kein Wachposten – noch mehr alarmierend. Wieder zurück ins Zimmer, das die ganze Nacht verbarrikadiert blieb. Bis zum nächsten Morgen. Nichts passierte mehr. Dann erst des Rätsels Lösung ...

Den Entführungsalarm, die Entführungsangst, hatte ein Mitspieler ausgelöst, nämlich Max Hagmayr. Der war ein Schlafwandler und ein Schlafschreier, der hatte gebrüllt. Ein schlechter Traum war die Ursache. So löste sich eine vermeintlich böse Geschichte doch noch in Wohlgefallen und Lachen auf – speziell als Hagmayrs Zimmerpartner Klaus Lindenberger erzählte: *„Das war ja noch gar nichts. Es ist ja schon vorgekommen, dass er mich im Schlaf gewürgt hat!"*.

Mit Kraft, Schmäh und Krawatte (zur Erheiterung von Kurt Welzl sogar in der Kabine mit Krawatte über dem Teamdress): das Tiroler „Urviech" Roland Hattenberger.

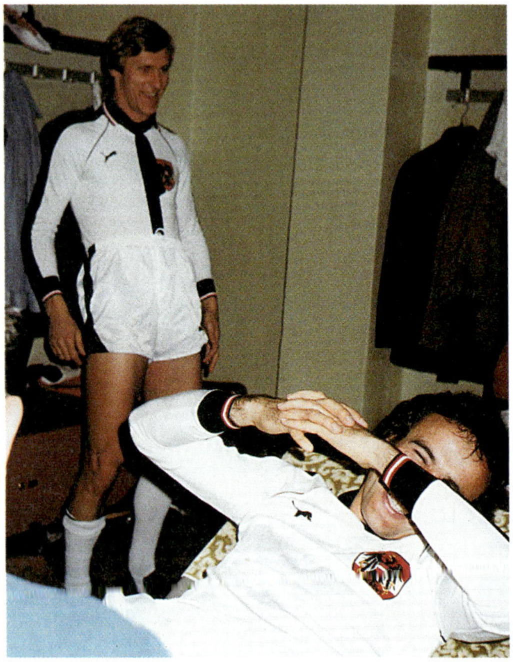

Unerschrocken wie James Bond war Goleador Hans Krankl in Candas gerade nicht.

Auf dem ersten Entwurf der Plattenhülle von Österreichs WM-Song war noch der geschasste Teamchef Karl Stotz drauf. Vor der WM war die Laune beim offiziellen Mannschaftsfototermin noch bestens. Vorne von links: Verhüller Hattenberger, Schachner, Hagmayr, Koncilia, Lindenberger und Feurer. Dahinter Baumeister, Pezzey, Pregesbauer und der frühere Mallorca-Trainer Bernd Krauss.

KRANKL war einen Tag vor der Weltmeisterschaft zum dritten Mal Vater geworden, hing daher ständig am Telefon, erkundigte sich, wie es der kleinen Maria ging, organisierte von Candas aus telefonisch die ganze Familie. Also gab's beim Auschecken die exorbitante Telefonrechnung in Höhe von 14.000 Schilling. Daraufhin Krankl zu seinem Freund Feurer: *„Na, teiln wir's uns halt!"* Feurer lehnte entrüstet ab: *„Ich hab' nur dreimal telefoniert!"*

IN CANDAS gab's damals außer der Entführung noch so manche Hektik. Auch bei den Funktionären. Speziell nach einem abgesagten Trainingsspiel – danach meldete sich der Delegationsleiter, der Wiener Verbandschef Othmar Luczensky, drei Tage mit einer Kreislaufschwäche ab, kam nicht mehr aus seinem Zimmer. Das führte in einigen Medien zu Verdächtigungen, dass es sich nicht um eine Kreislaufschwäche handelte, worüber sich Luczensky bei Prohaska bitterlich beschwerte: *„Du Schneckerl, ich sag' dir, die Journalisten sind so etwas mieses. Da trinkt man einen einzigen Cognac, und die machen aus einem gleich einen Alkoholiker!"* Da nahm es Luczensky sogar viel lieber in Kauf, dass ihn Prohaska immer spöttisch mit *„Grüß Gott, Herr Häusle!"* begrüßte – eine Anspielung auf den damaligen Vorarlberger Verbandschef Hugo Häusle, den Luczensky wieder nicht so sehr schätzte. Luczenskys Antwort an Prohaska: *„Du Wappler, was redest du überhaupt, du bist überhaupt der größte Wappler!"* Als Luczensky nach drei Tagen Kreislaufschwäche wieder beim Frühstück auftauchte, verblüffte seine Bestellung an Koch Georg Pesek alle Anwesenden: *„Schurl, also a ordentliche Portion g'röste Knödl' mit Ei!"* Und dazu ein Cerveza – das heißt auf deutsch Bier ...

Wiens ehemaliger Verbandschef Othmar Luczensky, hier in lustiger Runde zwischen Ex-Teamchef Karl Decker und Ex-FIFA-Schiedsrichter Wlachojanis, musste sich als Delegationschef in Candas mitunter maßlos ärgern. Auch über Journalisten.

IN CANDAS erlebte man auch einen der ungewöhnlichsten Fitnesstests bei einer Weltmeisterschaft – mit Polizisten der „Guardia Civil" als Ballschanis. Das ging so: Kurt Jara hatte knapp vor der WM einen Wadenbeinbruch erlitten. Er wollte unbedingt noch bei der WM spielen – um wieder sein Ballgefühl zu bekommen, gab's sogar ein Spezialtraining mit Roland Hattenberger im Hotelzimmer. Unter dem Motto „Tiroler hilft Tiroler". Hattenberger warf Jara die Bälle zu – der übernahm sie direkt aus der Luft. Das Zimmerfenster wurde zur Vorsicht weit geöffnet – so passierte es nicht nur einmal, dass der Ball aus dem achten Stock raus und runter flog. Aber die Polizisten brachten ihn immer wieder in den achten Stock zurück –zur Erleichterung von Zeugwart Helmut Legenstein ging kein Ball verloren.

VON CANDAS ging's nach Madrid, wo das Team in der Zwischenrunde spielte. Gewohnt wurde allerdings nicht in der heißen Metropole, sondern 40 Kilometer außerhalb, im „Parador Segovia", einer herrlichen Hotelanlage. Mit einem großen Swimming-Pool. Das Wasser hatte allerdings nur 17 Grad – auch bei 35 Grad Lufttemperatur eine sehr kühle Angelegenheit. Die Wiese um den Swimming-Pool wurde zum Zentrum der guten Laune – speziell wenn der Tormanntrainer Franz Pelikan Geschichten von früher erzählte. Von seiner Zeit als Trainer bei Mödling. Da spielte der jetzige Admira-Sektionsleiter Peter Kutschera Stürmer. Als er in einem Match schon vor der Pause vier hundertprozentige Chancen verjuxte, machte ihm Pelikan in der Kabine Vorhaltungen: *„Kutschera, es gibt 385 Sportarten, und Sie Trottel spielen Fußball!"*

Franz Pelikan, Tormanntrainer bei der WM '82. Früher war „El Paco" selbst Teamkeeper. Als Trainer musste er sich dann oft maßlos ärgern, wie hier seine finstere Miene verrät.

Das „Swimmingpool-Attentat" von Segovia verschreckte Teamarzt Ossi Schwinger total. Verhindern konnte er es nicht mehr. Aber es passierte zum Glück nichts ...

DER LACHERFOLG war groß. Und weil man so lustig war, beschloss eine Spielerrunde, bestehend aus Kurt Jara, Roland Hattenberger, Bruno Pezzey, Hans Krankl und Kurt Welzl, den Delegationsleiter Luczensky ins kalte Wasser zu schmeißen. Prohaska lehnte dezidiert ab, mitzumachen: *„Ihr könnt's mich feigen Hund schimpfen, aber ich hab' Angst, er taucht dann nicht mehr auf!"* Die Bedenken der anderen hielten sich in Grenzen. Also wurde Luczensky „gekidnappt", zum Swimming-Pool getragen, unter „Ho-ruck"-Rufen in den Pool geschmissen. Gerade als sich die Aktion dem Ende zuneigte, die „Wasserung" knapp bevorstand, tauchte Teamarzt Ossi Schwinger auf, schrie völlig erschrocken und verzweifelt *„Na, na, tut's des ja net, der hat ja schon an Herzschrittmacher!"* Zu spät, du rettest den „Lu" nicht mehr. Worauf alle Übeltäter sofort nachsprangen, um eine sofortige Rettungsaktion einleiten zu können – die war aber nicht notwendig ...

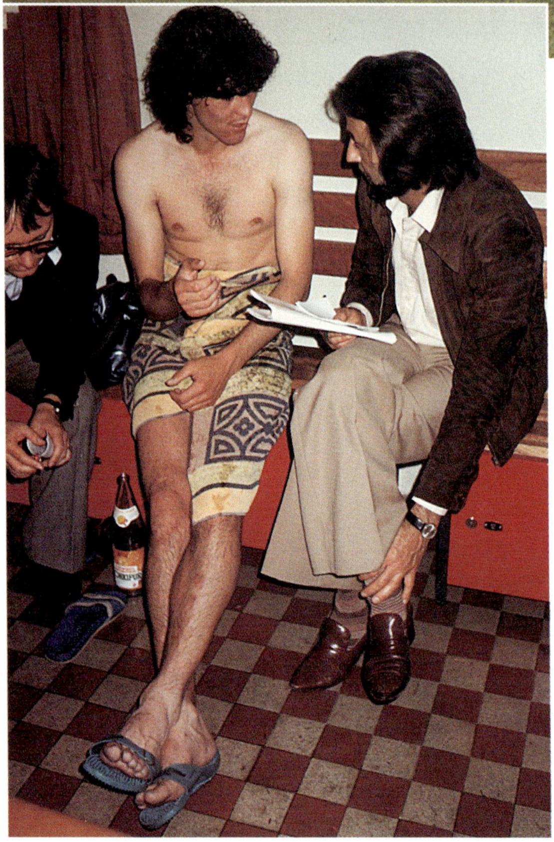

Der unvergessene Bruno Pezzey war zu seinen besten Zeiten für jeden Spaß zu haben. Auch für das Aufwärmen zwischen Pauken und Trompeten. Mit Vergnügen versuchte er die Formation der Musikkapelle durcheinander zu bringen. Das war vor dem Match. Nachher stand er in der Kabine sofort den Journalisten Rede und Antwort. Heutzutage ist so etwas streng verboten.

MIT DER HETZ war's aber nach der Zwischenrunde vorbei – die Fans in der Heimat waren über die Leistungen mitunter empört. Der Buhmann war der Held von 1978, Hans Krankl. Der nahm sich daraufhin eine halbjährige Auszeit vom Team, kehrte im Frühjahr 1983 in der EM-Qualifikation zurück. Im Mai musste er am Knie operiert werden, kam im Herbst nicht so richtig in Form. Und dann wartete das Auswärtsspiel gegen Deutschland im Park-Stadion von Gelsenkirchen. Ganz Deutschland wollte sehen, wie fünf Jahre nach Cordoba der „Deutschland-Killer" von damals, Hans Krankl, zur Wirkungslosigkeit verurteilt wird. Der hatte seit damals kein Länderspiel in Deutschland bestritten – das alles wurde von den Medien noch aufgeschaukelt. Teamchef Erich Hof, der Krankl schätzte (und umgekehrt), nahm ihn zwei Tage vor dem Match zur Seite: *„Ich lass' dich nicht von Beginn an spielen, ich setz' dich bei deiner Form lieber nicht dem Druck aus!"*

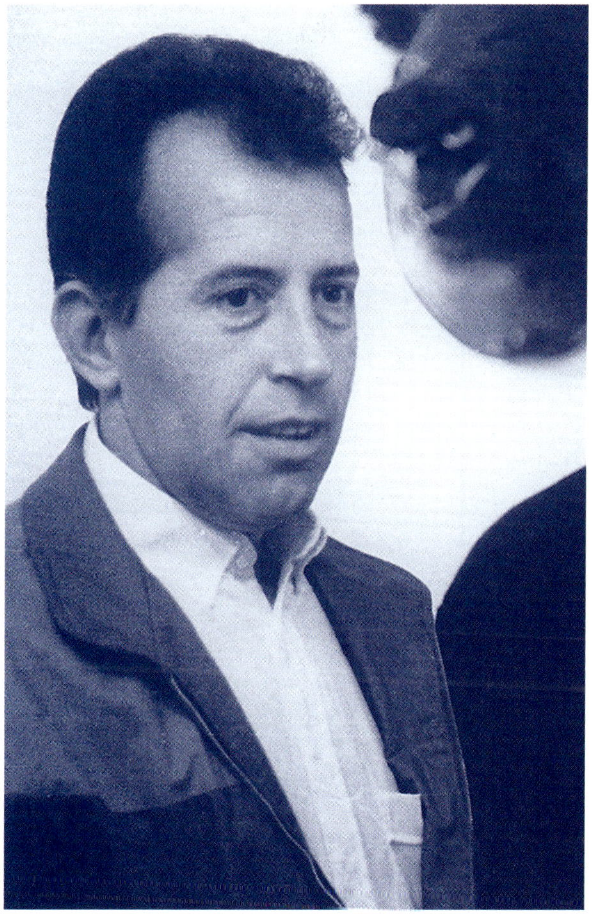

Dialog auf der Toilette des Parkstadions von Gelsenkirchen zur Pause des Endqualifikationsspiels gegen Deutschland mit Hans Krankl – danach verzichtete Teamchef Erich Hof auf dessen Einsatz.

Der Hof-Plan: Wenn der erste deutsche Ansturm vorbei ist, sollte nach der Pause Krankl eingetauscht werden – vielleicht könnte er dann das Match noch umdrehen oder entscheiden. Krankls Reservistenrolle, bis zuletzt geheim gehalten, war im Stadion vor Anpfiff die große Sensation. Der, umringt von Journalisten, verweigerte jeden Kommentar. Zehn Kameras verfolgten ihn bis auf die Ersatzbank. Nach 33 Minuten stand's schon 3:0 für Deutschland – Krankl stürmte nach dem Pausenpfiff rasch in Richtung Kabine. Nur ja kein Interview geben. Ging auf's Klo, um sich zu erleichtern.

Als er im Pissoir vor der Muschel stand, bemerkte er einen Schatten hereinhuschen. Ganz rechts stand Krankl, ganz links Erich Hof. Hof schaute zu Krankl, Krankl zu ihm – da sagte Hof: *„Willst noch eine oder net?"* Krankl: *„Ich glaub, es ist besser, ich geh' nimmer eine!"* Und so war es auch. So wurde eine große Teamkarriere eigentlich am Pissoir des Park-Stadions in Gelsenkirchen beendet. Krankl heute: *„Auch das hat die menschliche Größe von Erich Hof gezeigt!"*

Teamchefs aus über 30 Jahren auf einer Karikatur von Hubert Schorn: Vorne Branko Elsner, rechts dahinter Felix Schmidt, der mit Felix Latzke (links von ihm) bei der WM 1982 das Sagen hatte, ganz links Erich Hof, der Schmid und Latzke ablöste, ober ihm sein Mentor Leopold Stastny. In der obersten Reihe Edi Frühwirth (dritter Platz bei der WM 1954), Helmut Senekowitsch (WM 1978) und Karl Stotz (WM-Ticket für 1982).

Auch für Elsner-Nachfolger Josef Hickersberger fiel Karikaturist Schorn etwas ein. Mit Gondoliere Beppo Mauhart bei der WM in Italien. Wenn Senekowitsch, Hickersberger und Josef Argauer (von rechts) heute auf vergangene WM-Zeiten anstoßen, hört Otto Baric interessiert zu.

Die vielen Gesichter des Herbert P.

... schoss Herbert Prohaska das wichtigste Tor in seiner aktiven Karriere, das Österreich erstmals nach 20 Jahren wieder zu einer Weltmeisterschaft brachte, das 1:0 gegen die Türkei im Hexenkessel von Izmir 1977. Da trug sogar Helmut Senekowitsch den „Schneckerl" nachher auf den Schultern. „Schneckerl" war auch ein liebevoller Jungvater – wie das Bild mit seiner älteren Tochter Barbara nach einem Teamtraining im Praterstadion zeigt. Vor wenigen Wochen machte ihn diese Barbara zum Großvater – derzeit ist Enkel Theo sein großer Favorit. Der „Schneckerl" war auch ein Fressen für die diversen Karikaturisten – z.B. wenn er sich als Inter-Star selbst ein Denkmal vor dem Mailänder Dom baut. Mit etwas weniger Haaren jubelte er bei Austria bis 1989, dann hörte er auf. das letzte Match seiner Karriere bestritt Prohaska allerdings im Teamdress – 1989 das 0:0 gegen Island in Reykjavik. Ein wichtiger Punkt zur WM-Qualifikation.

„SCHNECKERL“ WAR …

HERBERT PROHASKA
PETER PACULT
REINHARD KIENAST
KARL BRAUNEDER
ALFRED DRABITS
EWALD TÜRMER
REGIE: B.ELSNER
HEUTE ICH
MORGEN DU
SCHORN

Solche freundlichen Wünsche äußerte „Schneckerl“ im Teamdress beim 0:0 gegen Bulgarien in Sofia 1981, als es um die WM-Qualifikation ging, aber sicher nicht. Das Foto beweist auch, dass der „Stinkefinger“ in Österreich schon mehr als ein Jahrzehnt vor Stefan Effenberg in Mode war.

Mit Schirm, Charme und Melone, aber auch mit schon etwas weniger Schneckerl in neuer Rolle als Gaststar beim Reit- und Springturnier in der Wiener Stadthalle neben Österreichs Paradereiter Hugo Simon. Eine Zeit lang war Prohaska tatsächlich ein passionierter Reiter und auch ein begeisterter Sänger. Als er vor der WM 1998 mit Showstar Udo Jürgens das WM-Lied „Wunderknaben“ aufnahm, war gezwungenermaßen schon der Kurzhaarschnitt „in“.

Seit Udo Jürgens Prohaskas Platte aus der „Schneckerl-Zeit“ (Titel: „Freund sein“) gehört hatte, warer sehr an einem Duett interessiert.

Urlaub mit den Reiseprofis ...

Internet: www.holiday24.at

HOLIDAY 24

Just enjoy it.

Telefonische Buchung – rund um die Uhr: 01 - 595 50 50

EKLAT IM SCHLOSSHOTEL

DENN NACH DER EINIGUNG zum „Rücktritt" am Pissoir spielte Hans Krankl nur noch einmal im Team – eineinhalb Jahr später in der WM-Qualifikation. Da stellte sich Krankl mit 32 Jahren für das wichtige Heimspiel gegen Ungarn in seinem „Wohnzimmer", dem Hanappi-Stadion nochmals zur Verfügung – aber das ging voll in die Hosen. Österreich verlor am 17. April 1985 glatt 0:3 (0:2) – aber das war auch das einzige Mal, dass Krankl und sein Nachfolger als rotweiß-roter Torjäger, Toni Polster, gemeinsam für Österreich stürmten. Polster, der elf Jahre später, Krankl als Rekordtorschütze des Nationalteams ablösen sollte ...

VON BEGINN seiner Teamkarriere an war Tonis sonniges Gemüt, sein breites Lachen, stets eines seiner Markenzeichen – einem guten Schmäh war er nie abgeneigt. So auch nicht bei einem Sommertrainingslager unter Hof 1984 in Bludenz. Polster hatte damals erst ein Länderspiel bestritten – aber er zeigte keinerlei Scheu, auch die Arrivierten auf die Schaufel zu nehmen. Dort war Friedl Koncilia, der bis dahin schon 70 Länderspiele auf dem Buckel hatte, sein Opfer. Bei einem Minigolfturnier, das zum Zeitvertrieb organisiert worden war. Mit einer Minolta-Kamera als Hauptpreis.

Vor der letzten „Bahn" war Koncilia praktisch schon der sichere Sieger – ihm konnte nichts mehr passieren. Der Ball musste nur über eine Röhre bergauf ins letzte Netz gespielt werden. Koncilia traf genau in die Röhre hinein – doch plötzlich kam der Ball wieder zurück. Das passierte ein zweites Mal, ein drittes Mal, begleitet vom dementsprechenden *„O je!"*-Roar der anderen Teamspieler und breitem Lachen. Koncilia ahnte, dass da etwas nicht mit rechten Dingen zugehen konnte, ging zur Röhre, kniete sich davor – und zog prompt einen Badeschlapfen heraus, von dem der Ball immer zurückgeprallt war. Den hatte Polster unter Prohaskas Anleitung dort unbemerkt positioniert, um Koncilias sicheren Sieg zu verhindern. Eine Intrige unter Austrianern. Koncilia bekam einen hochroten Kopf, schmiss wütend den Minigolf-Schläger weg, schleuderte den Plastik-Badeschlapfen in hohem Bogen davon. Ging kommentarlos vom Minigolfplatz davon in Richtung Hotel. Verfolgt von *„Na ja, jetzt wird er disqualifiziert"*-Rufen Polsters.

Und alles wartete gespannt auf die abendliche Siegerehrung beim Abendessen. Würde der Teamchef einen neuen Wutausbruch Koncilias riskieren, bei dem vielleicht sogar einige Gläser draufgehen könnten, würde er es wagen, den zweitplazierten Christian Keglevits zum Sieger zu erklären? Erich Hof riskierte lieber nichts. Er stand auf, sagte kurz: *„Also gewonnen hat der Friedl"* und setzte sich rasch wieder nieder ...

Was damals noch niemand ahnte: Bittsteller Toni sollte später einmal „Superman" Krankl als Österreichs Rekordtorschütze übertrumpfen.

Zuerst ein finsterer Rückhalt beim Minigolfturnier, dann als „Nicht-Sünder" sogar plötzlich Sündenbock – da bestand bei Friedl Koncilia im Team-Trainingslager in Bludenz akute Explosionsgefahr.

ZUM ABSCHLUSS der Trainingswoche gab's aber kein Pardon für Koncilia. Hof setzte den Zapfenstreich für Mitternacht an – und das, obwohl am nächsten Tag für alle der Sommerurlaub begann. Die Mehrheit der Spieler hielt sich nicht daran, verließ über die Zimmerfenster das Schlosshotel Bludenz. In Richtung Vorarlberger Nachtleben. Koncilia zählte zum Unterschied seiner Freunde Pezzey, Prohaska, Baumeister, Drabits etc. nicht zu den Nachtschwärmern, sondern lieferte sich an der Hotelbar, die gleich neben der Rezeption lag, leidenschaftliche Diskussionen mit dem schon verstorbenen Kurier-Journalisten Karl P. Koban über gewisse Zeitungsartikel zum Team, die Chancen der Nationalmannschaft in der bevorstehenden WM-Qualifikation, seine Position als Nummer eins. Kärntner unter sich – da war keiner bereit, von seiner Meinung abzurücken. Je länger es dauerte, desto lauter wurde es. Speziell bei Koncilia. Und zwar so laut, dass Hof, der bereits vor Mitternacht auf sein Zimmer schlafen gegangen war, wieder aufwachte. Er sah auf die Uhr: knapp vor zwei Uhr morgens. Hof verzichtete zwar darauf, die lautstarken Dialoge aus der Hotelbar sofort zu unterbinden – aber das hatte ein Nachspiel.

Am nächsten Tag: Frühstück – auf einmal stand Hof völlig unerwartet auf, klopfte mit dem Löffel auf sein Kaffeehäferl: *„Ich hätte da noch etwas zum Abschluss zu sagen. Friedl, du bist schon so lange dabei. Ein vorbildlicher Top-Profi wie du muss sich auch an Absprachen halten. Wenn der Zapfenstreich für Mitternacht festgelegt ist und sich alle anderen daran halten, dann gilt das künftig bitte auch für dich."* Koncilia kochte, denn in Wahrheit waren achtzig Prozent des Teamkaders erst knapp vor dem Frühstück wieder auf Schleichwegen ins Hotel gekommen. Die saßen jetzt beim Frühstück, konnten trotz Schlafdefizit und Restalkohol ihr Lachen kaum unterdrücken – weil einer der wenigen „Nicht-Sünder" plötzlich zum Sündenbock avancierte. Als Koncilia etwas erwidern wollte, schnitt ihm Hof das Wort ab: *„Na, na, na, na, Friedl, bei mir gibt's keine Extrawürst, sondern gleiches Recht für alle!"* Mit hochrotem Kopf verließ Koncilia den Frühstücksraum, noch mehr in Rage als nach dem Minigolfturnier. Und als dann im Autobus von Bludenz zum Flughafen nach Innsbruck noch höhnische Kommentare und

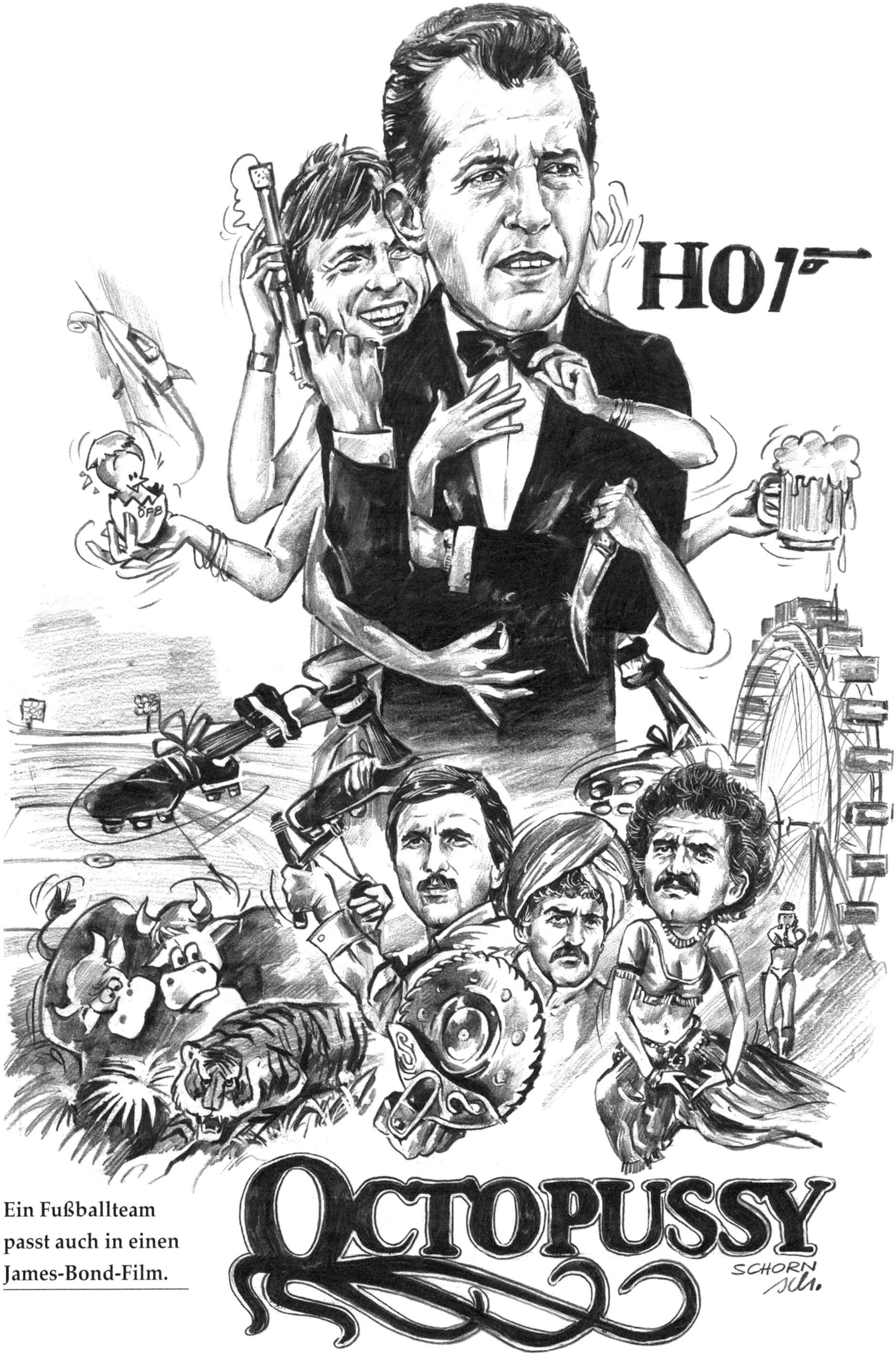

Ein Fußballteam passt auch in einen James-Bond-Film.

Wortspenden der Nachtschwärmer unter dem Motto *„Friedl, das musst aber schon einsehen. Wir alle halten uns an das, was der Teamchef verlangt, du aber nicht“* folgten, da herrschte bei Koncilia absolute „Explosionsgefahr“. Keiner suchte seine Nähe, alle blieben im Sicherheitsabstand ...

DREI JAHRE SPÄTER war aus dem Talent Polster ein gefragter Torjäger geworden. Die Auslandskarriere begann, sollte zwölfeinhalb Jahre dauern. Torino wollte im Sommer 1987 Polster engagieren – der war zu dieser Zeit mit der Austria im Trainingslager in Lindabrunn, bei den endlosen Kartenpartien und Würfelduellen mit Verteidiger Josef Degeorgi um 750 Schilling vorne. Sein Anwalt Skender Fani beorderte ihn telefonisch ins berühmte Hotel „Sacher“ zu den abschließenden Verhandlungen mit Torino. Einige Stunden später kam Toni wieder zurück nach Lindabrunn: *„Alles perfekt, ich flieg' morgen nach Turin!“* Polster packte zusammen, die Mitspieler wünschten alles Gute, gratulierten zum ersten Millionenvertrag.

Polster flog nach Turin, rief zwei Tage später aber Franz Wohlfahrt in Lindabrunn an: *„Servas, alles in Ordnung in Turin. Ihr habt's doch am Wochenende ein Freundschaftsspiel in Kirchschlag. Da bin ich schon wieder zurück, da komm' ich hin, das schau' ich mir noch an. Und sag' bitte dem Degeorgi, er soll nicht auf die 750 Schilling vergessen und sie nach Kirchschlag mitnehmen!“* Wohlfahrt kam Tonis Befehl nach, löste damit bei Degeorgi einen Schreikampf aus. Der brüllte kopfschüttelnd: *„Der verdient Millionen in Turin und will von mir 750 Schilling!“* ...

DOCH IM LAUFE der Jahre wurde Polster viel freigiebiger. Und selbst das Opfer von Schmähbrüdern. So in der Ära von Ernst Happel. Er kam als Legionär von Rayo Vallecano aus Madrid. Unter Happel wohnte das Team meist im City-Klub in Vösendorf. Am Wochenende zuvor hatte Polster beim 3:3 gegen den großen FC Barcelona alle drei Tore für den Außenseiter erzielt. Polster mächtig stolz zu seinen Mitspielern: *„Heut' abend sind auf Eurosport meine Tore, schaut's es euch an!“* Auch Polster wartete schon gespannt darauf. Sein Zimmerpartner war Peter Artner. Der hatte

Statt Polster-Tore lieber ZiB 2 – das traute sich Peter Artner in einem Zimmer mit Polster. Fast ein Ritter ohne Furcht und Tadel.

Als Ernst Happel 1992 Österreichs Teamchef wurde, war er bereits von seiner tödlichen Krankheit gezeichnet, aber mit gnadenloser Härte zu sich selbst sorgte die Respektsperson Happel auch für eiserne Disziplin. Mit ÖFB-Präsident Beppo Mauhart fanden sich zwei leidenschaftliche Raucher. Der „Bälga"-Fan Happel gab dem Zigarrenliebhaber Mauhart Feuer.

sich aus dem Massagezimmer die Fernbedienung für den TV-Apparat mitgenommen. Artner legte sich aufs Bett, schien einzuschlafen. Da sagte Polster: *„Peter, wart, net einschlafen, gleich kommen meine Tore!"* In Wirklichkeit war Artner hellwach, stellte sich nur fast schlafend. Und immer, wenn der Eurosport-Kommentator ein Polster-Tor gegen Barcelona ankündigte, drückte er auf die Fernbedienung: statt Rayo Vallecano – Barcelona war plötzlich die „ZiB 2" zu sehen. Polster konnte es nicht fassen: *„Des gibt's ja net. Immer, wenn meine Tore kommen, spinnt der Fernseher!"* Artner hatte Mühe, das Lachen zu unterdrücken ...

UNTER HAPPEL war es strengstens verboten, während des Frühstücks, Mittag- oder Abendessens aufzustehen, um zu telefonieren. Aber Spaßvogel Frankie Schinkels präparierte die Telefonistin, zweimal zwischen halb und dreiviertel eins Polster mit den Worten *„Ganz dringender Anruf für Sie aus Spanien"* auszurufen. Beim ersten Mal sagte Happel nichts, als Polster zur Telefonzentrale ging, schaute ihm nur streng nach. Als er beim zweiten Mal wieder zurückkam, folgte prompt der knurrende Happel-Anschiss: *„Du Ministrant, hab' ich dir nicht g'sagt, dass man sich während des Essens nicht anrufen lassen darf?"* Darauf Polster entschuldigend: *„Trainer, es war eh' keiner dran. Ich weiß auch nicht, wer mich da verarscht."* Da musste auch Happel lachen ...

Ein anderes Mal wurde Polster bei Happels Nachfolger, seinem ehemaligen Mitspieler Herbert Prohaska, Opfer einer gemeinsamen Intrige von Teamchef und Mannschaft gegen den Kapitän. Wie so oft während der Kasernierungen gab's für das Team eine Einladung zum Abendessen ins „Noodles" von Kurt Bender neben dem

Künstlerhaus. Kapitän Polster sagte: *„Burschen, wir gehen alle mit dem Trainingsanzug!"* Zuerst Zustimmung – aber dann ein „Geheimabkommen" zwischen Prohaska und Didi Kühbauer: *„Wir gehen alle im Anzug, sagen aber dem Toni als Einzigen nichts!"* Zur Abfahrtszeit kam Polster als Einziger im Trainingsanzug in die Hotelhalle, machte aber noch lustige Miene zum für ihn bösen Spiel, weil er immer noch glaubte, es werden schon noch einige so wie er im Trainingsanzug kommen. Als letzter stieg Kühbauer in der Lobby aus dem Hotellift – ebenfalls nicht im Trainingsanzug. Sondern im feinen Tuch. Da war es schlagartig um Polsters gute Laune geschehen. Das verschärfte sich noch, als Kühbauer dann im Szenelokal zu Besitzer Bender sagte: *„Du musst deinen Freund Toni schon entschuldigen, der hat heute einen Dressmannvertrag für die neue Kollektion unserer Trainingsanzüge bekommen und, wie es seine Art ist prompt, unterschrieben!"* Polster redete mit den Mitspielern an diesem Abend kein Wort mehr – und auch am nächsten Tag. Obwohl er sich damit ja selbst bestrafte ...

POLSTER REVANCHIERTE SICH beim Teamchef am nächsten Geburtstag von Prohaska. Da schenkte er dem Weinliebhaber nicht nur eine Kiste mit edlen Rotweinen, sondern auch eine Kiste voll mit Ampullen. In den Ampullen waren Aufbaustoffe mit Bienenextrakten. Polster: *„Herbert, du hast das notwendig. Vielleicht wachsen dir auch wie früher wieder deine Schneckerl nach!"* Das war zwar nicht der Fall – aber Prohaska bereut's nicht, alle Ampullen ausgetrunken zu haben: *„Dadurch bin ich bis heute jung geblieben!"*

Ein besonderer Wunsch der Polster-Fans bei seinem letzten Länderspiel gegen den Iran im August 2000 – da wurde sogar der sonst so schlagfertige Toni nachdenklich.

MIT VISA ZAHLEN UND
VISA-WELTWEIT-URLAUBE GEWINNEN.
VISA
AHA PUTTNERBATES
Bezahlen Sie möglichst oft mit VISA und gewinnen Sie von Mai bis August 2001 Ihren VISA-Weltweit-Urlaub.
Von Bali bis New York, von Tokio bis Jamaika. Und den VISA-Wasserball bekommen Sie sofort.
Näheres in Ihrer Bank oder unter www.visa.at
JETZT ZUM 1/2 PREIS

B
U
R
G
E
telekom
PUMA
DOLOBENE
SPORT-GEL
DOLOBENE
SPORT-GEL

spreitzer + spreitzer
N
L
A
N
D
telekom
BURGENLAND
BURGENLAND
So will ich leben.

Toni lacht (fast) im

Österreichs Rekord-Torschützen Toni Polster zeichnete auch sein sonniges Gemüt aus. Es gibt nur ganz wenige Fotos aus seiner Karriere, auf denen er nicht lacht. Wie etwa links in jungen Jahren bei der Austria, nach der Rückkehr von Simmering. Da lauschte er andächtig den Tipps des Vaters. Auch in Deutschland verlor er nicht seine gute Laune. Nicht nur für die Fotografen.
Etwa beim Treffen mit seinem Freund Andi Herzog vor dem Bundesligaspiel 1. FC Köln gegen Werder Bremen, beim Fototermin mit Österreichs Eishockey-Teamverteidiger Herbert Hohenberger (damals Legionär bei den Kölner Haien) im Kölner Stadion oder beim Shake-Hands mit Mönchengladbachs Trainer Friedl Rausch nach seiner letzten Vertragsunterschrift in Deutschland.

mer ...

PUMA
DBV

Ford. Die tun was.
Fiesta Courier
Galaxy
Ford
PUMA
FILA

Belinea
SCHAFFER

Lachen auf der Bühne ...

Aus Toni wurde Antonia ...

Zu gemeinsamen aktiven Zeiten verfütterte Toni Polster im August 1997 an Toni Pfeffer lachend Marzipan-Fußbälle von dessen Torte, die er zum 32. Geburtstag von den Mitspielern bekam. Vier Jahre später standen die Tonis lachend gemeinsam in einem Festzelt bei Türnitz auf der Bühne. Toni Pfeffer als „Kopie" von Tonis sonstiger Bühnenpartnerin Antonia. Sie sangen: „Auf alle Fälle zwei Bälle" wie Toni auch mit der Original-Partnerin.

Tonis Bühnenkarriere begann mit den Fabulösen Thekenschlampen. „Toni, lass es polstern!“ wurde in Österreich und Deutschland zum großen Hit.
Mit Antonia trat er auch im Wiener Millenniumstower auf – Als Nikolaus und Krampus.

Lachen mit Weltstars ...

Wenn der Toni den „Herminator" trifft, ist auch beim Ski-Superstar Hermann Maier Lachen angesagt sowie bei Formel-1-Weltmeister Michael Schuhmacher, wenn ihm Toni bei einem Benefiz-Spiel in Mannheim ein Tor nach dem anderen auflegt.

Lachen für die Werbung

Vor der Weltmeisterschaft 1998 entdeckte auch die Werbung, wie sympathisch Toni Polster lachen kann. Sein TV-Spot samt Gesangsauftritt vor dem Kühlschrank wurde in Deutschland und Österreich zum erwarteten Erfolg. Den Text kann Toni noch drei Jahre später genau: „Dany plus Sahne hab' ich immer zuhaus', am liebsten täglich, wie den Torapplaus, da ist viel Milch drin, jedes Mal ein Fest, das ist, was mich für immer polstern lässt!" Tonis Danone-Nachfolger wurden übrigens die Skistars Benny Raich und Mario Matt.

Lachen für einen guten Zweck

Für einen guten Zweck wagte sich Toni sogar aufs Eis. Max, den ersten Sieger von „Taxi Orange", scheint die ganze Sache wesentlich mehr mitzunehmen. Eine Erholung ist dagegen ein Abend am Villacher Fasching mit Sturm-Boss Hannes Kartnig und seiner Evelyn sowie mit „Faschingsprinz" Egon Putzi. Der Milliardär aus Kärnten hatte Polster im Frühjahr 2000 noch nach Salzburg gelotst.

– und privat

Beim Skiurlaub im Defereggental strahlen auch Frau und Sohn um die Wette.

PORNOS IM SPITAL UND DIE FOLGEN

DER SPRUCH „Was sich liebt, das neckt sich" gilt auch für Rapid. Aber bei den verrücktesten Ideen in Grün-Weiß fehlt ein Name nie: Ex-Teamtorhüter Herbert „Funki" Feurer, jetzt Tormanntrainer bei Grün-Weiß und in der Nationalmannschaft. Selbst in der Zeit, wo er in „Karenz" war, zwei Saisonen lang beim Rekordmeister eine schöpferische Pause machte.

Da las er in der „Kronen-Zeitung" von einer Blinddarmoperation des damaligen Sportdirektors Ernst Dokupil – die Ärzte konnten ihn gerade noch vor einem „Blinddarmdurchbruch" retten. Feurer las das, fuhr einen Tag später am Abend ins Spital auf der Baumgartner Höhe, um seinen Freund Dokupil zu besuchen. Und dachte sich: *„Was ist nach einer Blinddarmoperation das Ärgste für den Patienten?"* Aus eigener Erfahrung wusste Feurer, dass in den Tagen nach der Operation das Lachen höllisch weh tut. Also musste er sich etwas ausdenken, um Dokupil zum Lachen zu bringen.

NACHGEDACHT UND GETAN. Er ging ins Spital mit einem Plastiksackerl in der Hand, darin eine „Lektüre". Als ihm am Gang ein Arzt entgegenkam, sprach Feurer ihn an: *„Entschuldigen Sie, könnten Sie bitte Herrn Dokupil die von ihm bestellte Lektüre ins Zimmer bringen?"* Der Arzt

Militärischer Schutz vor „Funkis" Einfällen: Dokupil mit Wiens Militär-Kommandanten, Divisionär Karl Semlitsch.

GEWINNSPIEL! GEWINNSPIEL! GEWINNSPIEL! GEWINNSPIEL!

DER TEAMTORMANN-TRAINER

HERBERT „FUNKI“ FEURER

LÄDT SIE HERZLICH EIN.

KOMMEN SIE AUF
EIN GLAS SEKT
ODER
EIN GLAS BIER

IN DAS GESCHÄFT VON HERBERT FEURER, 1160 Wien, ...

DIESES FLUGBLATT BERECHTIGT ZUR TEILNAHME
AM GEWINNSPIEL + IST GLEICHZEITIG IHR
G U T S C H E I N FÜR EIN GRATISGETRÄNK

UNTER DEN ERSTEN 100 BESUCHERN WIRD VERLOST:

PRATERBESUCH FÜR DIE GESAMTE FAMILIE
(maximal 10 Personen)
INKLUSIVE LILIPUTBAHN-RUNDREISE und
GEMEINSAMEN MITTAGESSEN IM BERÜHMTEN SCHWEIZERHAUS
IN BEGLEITUNG DES
BELIEBTEN TEAMTORMANN-TRAINERS „FUNKI“ FEURER

antwortete zuvorkommend: *„Na, selbstverständlich, kein Problem!"* Feurer griff ins Plastiksackerl, zog gewagte Porno-Zeitschriften heraus. Am Titelbild Damen mit riesigem Busen, egal ob Silikon oder echt, in gewagten Posen etc. Der Arzt bekam ein rotes Gesicht, sagte aber: *„Ja, mach' ich gleich!"*

Er ging zu Dokupils Zimmer, klopfte an, gab Dokupil mit den Worten *„Ihre gewünschte Lektüre!"* die Pornohefte. Dokupil sah, musste hellauf lachen – auf den Schmerzensschrei folgte aber rasch der Satz: *„Gehn's, Herr Doktor, schicken's ihn mir rein!"* Dokupil wusste genau: Das konnte nur der „Funki" gewesen sein.

ABER SCHON DAMALS wusste Funki, dass Dokupils Rache „irgendwann" kommen würde. Nicht sofort, aber sicher – Dokupil hatte die Geduld, um zu warten. Und so kam es auch. Eines Freitags war es dann soweit ...

Feurer stand mittags in seinem Geschäft mit seiner Frau, als fünf Leute mit einem Flugblatt in der Hand zur Tür hereinkamen. Als der Erste Feurer das Flugblatt gab und dieser dann las, was darauf stand, traf ihn fast der Schlag. Denn da konnte er unter anderem lesen: *„Gewinnspiel! Der Teamtormann-Trainer lädt sie ein. Kommen sie auf ein Glas Sekt oder ein Glas Bier. Dieses Flugblatt berechtigt zur Teilnahme am Gewinnspiel, ist gleichzeitig ihr Gutschein für ein Gratisgetränk. Unter den ersten 100 Besuchern wird verlost: Praterbesuch für die gesamte Familie inklusive Liliputbahn-Rundreise und gemeinsamen Mittagessen im berühmten Schweizerhaus in Begleitung des beliebten Teamtormann-Trainers!"*

NUR NACH KAMPF konnte Feurer die ersten fünf Besucher mit ihren Wünschen nach Sekt oder Bier abwimmeln. Aber seine Gattin ahnte noch Schlimmeres: *„Schau einmal hinaus, ob da noch etwas im Busch ist!"* Was „Funki" auf der Straße sah, steigerte

Ernst Dokupil und Herbert Feurer: Wer häkelt wann und wo wen?

seine Panik noch weiter. In den umliegenden Gassen seines Geschäfts steckte bei jedem Auto hinter den Scheibenwischern in der Windschutzscheibe dieses Flugblatt. Feurer sammelte in hohem Tempo, so schnell wie er nur konnte, alle ein – es waren an die 500 Stück, die da verteilt wurden. Nach zirka 35 Minuten stand er schweißgebadet wieder im Geschäft – trotzdem kamen in dieser Zeit und nachher ständig Kunden mit dem Flugzettel. Feurers Pech: Dokupils Crew hatte auch in allen umliegenden Häusern das Gewinnspiel in die Briefkästen der Haushalte gesteckt. Feurer wusste bald nur noch eine Antwort: *„Entschuldigen, das ist alles nur ein Schmäh von Herrn Dokupil!"* Geglaubt haben's ihm aber nicht alle....

DOKUPIL hatte die ganze Crew des Rapid-Sekretariats mit „Perle" Gaby Fröschl und der Rapid-Stimme Andy Marek an der Spitze zu dieser Aktion vergattert. Und das war ihm auch viel Geld wert: Denn Dokupil lud alle Helfer auch zum Mittagessen in der Pizzeria gegenüber von Feurers Geschäft ein. Und von dort beobachteten alle, sozusagen erste Reihe fußfrei, wie der hektisch zwecks Schadenbegrenzung durch die Gassen hetzte, um die Flugzettel einzukassieren. Aber „Funki" zog am Ende auch ein für ihn positives Resümee: *„Viele Leute, die deswegen ins Geschäft kamen, haben bei mir auch etwas gekauft. Also ist der Dokupil doppelt eing'fahren!"*
Fortsetzung folgt garantiert – auch wenn Ernst Dokupil nicht mehr bei Rapid ist ...

Der schmutzigste Einfall von Ernst Dokupil und Herbert Feurer bei Rapid: Schlammballett im Trainingscamp in der israelischen Sportschule in Eingedi im Winter 1985.

KEIN ZUTRITT FÜR DEN ARZT

AUCH BEI DER NATIONALMANNSCHAFT ist man seit achteinhalb Jahren vor „Funkis" Ideen nicht sicher. Seit Herbert Prohaskas „Amtsantritt" 1993 heißt der Teamtormann-Trainer Herbert Feurer, Otto Baric übernahm ihn, als er 1999 Prohaskas Nachfolger wurde. Das Baric-Debüt stieg im Grazer Schwarzenegger-Stadion gegen den Fußballzwerg San Marino. Das Team wohnte in der Heiltherme Bad Waltersdorf, kam mit dem Bus zwei Stunden vor Anpfiff ins Stadion. Alle im schwarzen Puma-Trainingsanzug, nur Teamarzt Ernst Schopp trug den offiziellen normalen grauen Teamanzug – sogar mit den Sponsornamen am Revers.

„Wie kannst du diese Doktor so fertigmachen?!" – darauf konnte „Funki" Feurer Otto Baric keine Antwort geben.

WIE ÜBLICH gingen alle zuerst hinaus auf den Platz zum „Lokalaugenschein", um den Rasen zu überprüfen. Der Arzt ging mit – böse Zungen behaupteten, vor allem um seine Sitzposition auf der Betreuerbank so zu wählen, dass er von den TV-Kameras problemlos und sicher erfasst werden konnte. Und wie alle wieder zurück in die Kabine gingen, nahm Feurer den Ordner, der die Tür zum Kabinengang wie ein Zerberus bewachte, zur Seite: *„Dieser kleine Herr im Anzug, der geht uns schon schwer auf die Nerven. Der schwindelt sich immer zu unserer Kabine, gibt sich fälschlich als Teamarzt aus. Lassen's ihn unter keinen Umständen da rein, seien Sie bitte gnadenlos!"* Natürlich waren in diesen „Lumpenzug" auch die Masseure Johann Hartweger und Karl Putz sowie Zeugwart Helmut Legenstein eingeweiht.

DAS QUARTETT wartete schon in der Kabinentür auf den großen Schopp-Auftritt. Der kam so sicher wie das Amen im Gebet. Schopp: *„Ich geh zurück in Richtung Kabine – plötzlich baut sich ein Ordner vor mir auf und sagt: Da gibt's kein Weitergehen!"* Der Doktor fragte noch amüsiert zurück: *„Wieso gibt's da kein Weitergehen?"* Antwort: *„Da dürfen nur Angehörige der Nationalmannschaft hinein!"* Schopp, schon leicht genervt: *„Was heißt da Angehörige? Ich bin der Teamarzt!"* Daraufhin der von Feurer instruierte Ordner: *„Das kann ein jeder sagen, ich bin vor ihnen gewarnt worden. Sie tragen keinen Trainingsanzug und haben auch keine Akkreditierung!"* Schopp mit einem ersten Anflug von Ärger: *„Ich hab' bei Heimspielen noch nie eine Akkreditierung gebraucht oder gekriegt. Das ist doch lächerlich. Ich bin der Teamarzt, das können Sie mir glauben. Fragen Sie doch bitte die Spieler in der Kabine. Oder noch besser die Masseure und den Herrn Feurer, die da hinten vor der Kabinentüre stehen!"* Was dann folgte, war für Schopp unfassbar. Der Ordner drehte sich um, fragte in den Kabinengang: *„Kennt's Ihr den? Ist das der Teamarzt?"* Die Angesprochenen wandten sich ab, deuteten damit offensichtlich an, den Mann, der da vor der Tür um Einlaß begehrte, nicht zu kennen, ja noch nie in ihrem Leben gesehen zu haben. Feurer bestärkte das konsequente Wachpersonal sogar noch, raunte ihm zu: *„Das ist der, von dem ich dir vorher erzählt hab, der sich fälschlich als Teamarzt ausgibt!"* Daher wurde der Ton des Ordners forscher: *„Gehen's da weg, Sie können da nicht hinein. Oder ich lass' sie von der Polizei abführen!"* Daraufhin Schopp fast wehklagend: *„Das kann doch nicht wahr sein. Glauben's mir das, ich bin der Teamarzt. Ich soll da zu den Spielern rein, einige warten sogar auf die Behandlung und Therapien!"* Der Ordner: *„Hören's auf damit, ich kenn' sie nicht, kein Eintritt, gehen's da endlich weg!"* Sehr entspannt und lustig wirkte Schopp da nicht mehr, ganz im Gegenteil: *„Dann müssen wir uns eben jemanden holen, der das beweisen kann. Den Herrn Gramann beispielsweise!"* Der Wink mit dem ÖFB-Pressechef wirkte beim Ordner überhaupt nicht. Denn Schopp hörte von ihm klipp und klar: *„Sie können holen, wenn Sie wollen, da kommen's nicht vorbei!"* Zum Glück näherte sich dann doch Wolfgang Gramann, konnte alles aufklären. Schopp: *„Locker war das für mich nicht mehr, ich hab' sicher einen schönen Blutdruck gehabt!"* Feurer: *„Unser lieber Teamarzt Schoppi konnte plötzlich so hüpfen wie sonst nur Rumpelstilzchen!"*

Teamarzt Ernst Schopp (links) – in Graz wandte sich auch Masseur Johann Hartweger ab.

VERWECHSLUNGEN

MITUNTER UNTERLAUFEN auch ausgewiesenen Experten peinliche Verwechslungen. Davor sind nicht einmal Teamchefs, deren Assistenten oder sogar Teamspieler gefeit. Hauptsache, alles klärt sich wieder auf ...

OTTO BARIC war zu seiner Zeit als erfolgreicher Salzburg-Trainer immer auf der Suche nach Verstärkungen, speziell für den Angriff. Das damalige Stürmertalent von DSV Leoben, das ihm Walter Schachner empfohlen hatte, wurde von Baric im Frühjahr 1991 mehrmals beobachtet und für gut befunden – sein Name Herfried Sabitzer. Also fuhr Baric wieder nach Leoben, wollte ihn nochmals beobachten und auch erstmals mit ihm reden. Weil noch genug Zeit blieb,

Trotz Verwechslung in Leoben kam Herfried Sabitzer (Mitte) doch noch in den Salzburg-Dress.

„Wie schaut Sabitzer eigentlich aus?" Diese Frage stellte Otto Baric „Salzburg-Krone"-Sportredakteur Hannes Krawagna nicht. Ihre Unterhaltungen drehten sich meist um kroatische Fußballer.

ging Baric in ein Einkaufszentrum, steuerte dort ein Espresso an, um Zeitungen zu lesen. Und welch Zufall – er erblickte dort Sabitzer. Steuerte daher den Tisch an, auf dem sein Wunschstürmer saß, sprach ihn an: *„Grüß Gott, ich bin Otto Baric, ich habe großes Interesse, Sie nach Salzburg zu holen. Aber es ist nicht gut, hier zu reden, hier sitzen zu viele Leute. An der nächsten Ecke ist ja auch ein kleines Café, gehen wir dort hin, dort sind wir ungestört!"* Auch das ging in Ordnung – Baric ging voran, Sabitzer folgte unauffällig. Und dann redete Baric wie ein Wasserfall auf Sabitzer ein, schwärmte ihm von einer gemeinsamen Zukunft in Salzburg vor: *„Du kommst zu einem Spitzenklub, der große Ziele hat. Liebe Gott, ich werde dich erfrischen, werde dich heben, ich mache Million Prozent aus dir einen Teamstürmer!"* Sabitzer hörte zu, nickte, schien vollauf zufrieden – Baric wunderte sich noch, dass Sabitzer nicht, wie damals schon üblich, auf seinen Berater verwies oder die unvermeidliche Frage *„Ist das Gehalt brutto oder netto?"* stellte. Bereits nach 30 Minuten versicherte ihm Sabitzer, dass er sich schon sehr auf Salzburg freue ...

Baric am Ziel seiner Wünsche – nur wollte er trotzdem noch das Match sehen. Und dort fiel es ihm wie Schuppen von den Augen: Er hatte nicht mit dem richtigen Sabitzer gesprochen, sondern konstant nur mit einem Ersatzspieler, der Sabitzer sehr ähnlich sah. *„Lieber Himmel, Otto, was ist da passiert?"*, dachte sich Baric – aber er bekam den „richtigen" Sabitzer dann doch noch. Den Namen des falschen Sabitzers weiß Baric bis heute nicht. Sabitzer spielte drei Jahre bei Salzburg – in dieser Zeit holte ihn auch Ernst Happel in die Nationalmannschaft.

BARIC-ASSISTENT DIDI CONSTANTINI flog im Dezember letzten Jahres mit ÖFB-Sekretär Georg Pangl auf die britische Insel, um dort Kontakt zu den Legionären, ihren Trainern und Klubfunktionären zu knüpfen, vorzufühlen, ob die Teamkandidaten eventuell für ein Wintertrainingslager abgestellt werden. Zuerst ging's hinauf bis nach Edinburgh zu Thomas Flögel und Hearts, dann zurück in die britische Metropole London. Zu Alexander Manninger.

Also hinaus ins moderne, neue Arsenal-Trainingszentrum im Norden von London. Alles vom Feinsten: 15 Plätze, Pressezentrum, Restaurant etc. Die Mannschaft, die da am zweiten Platz, rund 150 Meter entfernt trainierte, war für Constantini und Pangl die Kampfmannschaft der „Kanoniere", ihr Starensemble. Es war gerade Schusstraining – Constantini war begeistert. Schon von der Bewegung her absolute Weltklasse. Ein Henry, Wiltord, Bergkamp, Kanu – *„Schau, Schurl, wie geschmeidig! Und wie der Pires super flanken kann!"* Und zu den Reaktionen des blonden, großen Tormanns fiel Constantini ein: *„Schau genau hin, Schurl, das ist typisch Alex. Der springt immer ein, bevor er sich nach den Bällen hechtet!"* Constantini schaute weiter interessiert zu – aber plötzlich stieß ihn Pangl gegen die Rippen: *„Dreh' dich einmal um, Didi!"* Constantini tat dies – fünf Schritte hinter ihnen stand Manninger mit den Spielern, die sie fälschlich zuvor am zweiten Platz zu erkennen glaubten. Damit war die Sache erledigt. In Wahrheit beobachteten sie die Reserve. Manninger grüßte höflich, wie es seine Art ist: *„Grüß Gott, Herr Teamchef"* ...

Wem passiert die nächste Verwechslung? Davor ist niemand gefeit. Weder Teamchef Otto Baric noch sein Assistent Didi Constantini. Nach dem Motto: „Wie der Herr, so des G'scher!"

AM BEGINN SEINER STUTTGART-ZEIT ging Franz Wohlfahrt ins Klubrestaurant Mittagessen. Nach dem Kaffee bat er um die Rechnung, machte 32 Mark und 50 Pfennige. Kein Problem für einen Spitzenverdiener – Wohlfahrt nahm einen Fünfzigmark-Schein heraus, legte ihn auf den Tisch, vergaß aber darauf, dass er nicht mehr in einem Stammlokal aus Wiener Austria-Zeiten war, sondern in Stuttgart, sagte daher, wie er es von Wien aus gewohnt war: *„Passt schon!"* Die Kellnerin starrte ihn zunächst entgeistert an, dann begeistert – ein Trinkgeld von 17 Mark und 50 Pfennigen, rund 125 Schilling, war sie bisher von keinem Spieler gewohnt. Das kommt davon, wenn ein „frischg'fangter Schwabe" noch die Landeswährungen, Schilling und Mark, verwechselt. Wohlfahrt war daher vom ersten Tag an der beliebteste Spieler beim Servierpersonal des Klubrestaurants. So blieb es bis zu seinem Abschied. Aber das kostete ihn nicht wenig Geld – denn er wagte es nicht, sein „Trinkgeldniveau" entscheidend zu senken ...

Punkto Trinkgeld ging bei Franz Wohlfahrt in Stuttgart einiges ins Aug' ...

REKORDE

FÜR EINEN REKORD seltener Art sorgte auf Österreichs Fußballplätzen ein Mann, dem man dies gar nicht zutrauen würde, wenn man ihn heute sieht: Alfred Ludwig, Generalsekretär des Österreichischen Fußballbundes – sehr erfolgreich im Organisieren von Sportgroßevents, im „Aufstellen" von Sponsormillionen. Von der UEFA zudem als Überwacher in wichtigen Europacupspielen eingesetzt, zudem in der UEFA-Kommission für Stadien und Sicherheit. Und dieser Mann ist einer der wenigen, der in Österreich von der Ersatzbank ausgeschlossen wurde. Ohne eine Minute gespielt zu haben.

DIESE GESCHICHTE erzählte sogar die für den Sport zuständige Vizekanzlerin Susanne Riess-Passer, als sie Ludwig im August 2001 das Goldene Verdienstabzeichen der Republik verlieh. Es war, als Ludwig noch beim Nußdorfer AC, damals in der Wiener Liga, spielte. Auswärtsmatch gegen Donaufeld. Der damalige NAC-Trainer Walter Probst kurz nach Spielbeginn noch gar nicht auf der Betreuerbank, die Ersatzspieler schon. Der Ball rollte Richtung NAC-Ersatzbank, der Donaufeld-Spieler rannte nach. Ludwig bückte sich, wollte den Ball aufheben – da beförderte der Donaufeld-Spieler durch ein abruptes „Bremsmanöver" Sand in Richtung Ludwig, traf ihn auch. Das ließ sich der nicht bieten. Er nützte das Ballaufheben, um in seine linke Hand eine Ladung Sand zu nehmen, schleuderte die mit dem Ball dem Donaufeld-Spieler auf den Bauch ...

Der Schiedsrichter sah zu Ludwigs Unglück alles, verwies ihn sofort von der Bank. Ausgeschlossen und sofort in die Kabine. Am Weg in die Kabine traf er Probst im Gang. Der fragte überrascht: „Was machst denn du, hast in der Kabine etwas vergessen?" Die Antwort *„Nein, ich bin ausgeschlossen"* konnte Probst nicht glauben: *„Wieso, ich hab´ dich doch gar nicht aufgestellt!"*

ÖFB-Generalsekretär Alfred Ludwig mit skeptischem Blick vor einem ausverkauften Happel-Stadion. Aber hätten Sie ihn auch schlank und rank auf den alten Fotos der Nachwuchsmannschaften des Nußdorfer AC erkannt? Ganz oben ist er der Zweite von links, darunter links der Fünfte von links in der oberen Reihe und rechts der Kapitän der siegreichen Mannschaft vor den Pokalen. Am damals berüchtigten „Rote Erde"-Platz auf der Krottenbachstraße in Döbling. Der Rekord-Ausschluss passierte erst Jahre später.

AGFA
OBI
Frucade
hafesan
MOHRENBRÄU
BAUHAUS

SCHORN

REKORDE stellte mitunter auch Gustl Starek auf. Es gab Zeiten, da war keiner öfter beim Strafsenat als er. Dabei war er, wie er heute noch treuherzig beteuert, immer unschuldig. Berühmt blieb die Hosenaffäre von 1970, als er beim Schlager Wacker Innsbruck – Rapid am Tivoli schon bald nach Beginn nach einer Kontroverse mit dem jetzigen Co-Trainer des FC Tirol, Heinz Binder, von Referee Drabek die rote Karte bekam. Rapid-Masseur Pepi Flenner hatte alle Mühe, Starek vom Platz zu führen. Er ging aber nicht in die Kabine, blieb auf der Ersatzbank sitzen, war dort kaum zu beruhigen. Als sein Freund im Innsbruck-Dress, „Buffy" Ettmayer, aufgeigte, die Rapidler serienweise zum Narren hielt, giftete Starek lautstark von der Bank in Richtung Rudi Flögel: *„Hearst, Rudi, lasst´s euch doch von dem Bladen net so umadumzah´n!"* Darauf natürlich Schmährufe gegen Starek von der Tribüne in deftigem Tirolerisch – darauf stieg seine Wut noch. Die Antwort an die Tiroler: Er stand auf, beugte sich leicht nach vor, zog den Gummi der Hose wenige Zentimeter nach unten, klopfte sich auf den verlängerten Rücken. Darauf die Tiroler Fans außer Rand und Band. Nach der Pause blieb Starek zur Vorsicht lieber unter Polizeischutz in der Kabine.

Riesenschlagzeilen: *„Starek zeigte den Zuschauern den Hintern!"*, was nicht den Tatsachen entsprach. Den Ruf wurde er bis heute, 31 Jahre später, nicht

Als „Buffy" Ettmayer (10) am Innsbrucker Tivoli die Rapidler (links Walter Gebhardt) nach allen Regeln der Kunst austrickste, erlitt sein ausgeschlossener und deshalb noch wütender Freund Gustl Starek auf Rapids Betreuerbank einen zusätzlichen Tobsuchtsanfall.

mehr los. Das ging sogar einmal so weit, dass er im Winterurlaub auf einer Skihütte am Arlberg saß. Als ihn der Kellner mit *„Herr Starek"* anredete, rief eine Dame vom Nebentisch: *„Ach, Sie sind Herr Starek. Ihren Hintern kenn´ ich schon. Ich war damals zuschauen!"* Wer glaubt dem Gustl schon das Dementi? Starek: *„Ich bin mit fünf verschiedenen Vereinen fünfmal Meister geworden – darüber redet heute kaum noch jemand. Bekannt geworden bin ich als der Spieler, der den Hintern hergezeigt hat, ein Wahnsinn!"* Der schwarze Gustl mit dem schwarzen Muff ...

Wie sich die Bilder gleichen. Wenn sich Starek zu Unrecht ausgeschlossen fühlte, war er nur schwer zu beruhigen und vom Feld zu führen. Egal ob 1970 vom damaligen Rapid-Masseur Pepi Flenner am Innsbrucker Tivoli oder acht Jahre später im Sportklub-Dress auf der Hohen Warte gegen die Vienna. Da reichte nicht Sportklub-Trainer Erich Hof (man beachte seine gequälte Miene), da musste auch noch polizeiliche Hilfe her.

EIN STAREK-REKORD ereignete sich auch auf einer Südamerikatournee Rapids. Bimbo Binder war Sektionsleiter. Rapid traf in Kolumbien auf Penarol Montevideo, den Spitzenklub aus Uruguay. Der Penarol-Star war ein hünenhafter Mittelstürmer namens Spencer, der nicht nur torgefähr-

Vor dem Strafsenat präsentierte sich Starek in der Regel als reuiger Sünder. Bereut wird er es auch haben, auf einer Südamerika-Tournee Rapid-Sektionsleiter Franz Binder (rechts) seinen Eintausch geradezu aufgedrängt zu haben – denn ohne den Ball berührt zu haben, ging der „schwarze Gustl" K.o. Ein einsamer Rekord.

lich war, sondern auch kräftig austeilte, fast immer den Fuß aufstellte, Gegenspieler niedertrat – ein richtig „gemeiner" Stürmer. Da geriet Gustl schon auf der Bank in Rage, bettelte den Sektionsleiter ab der 30. Minute an: *„Herr Binder, lassen´s mich doch eine, ich gib´ dem Spencer eine mit, so schnell kann der gar nicht schau'n. Herr Binder, lassens´ mich nur eine!"* Binder blieb aber die Ruhe in Person: *„Wart nur a bisserl, Gustl!"* Bei jedem Spencer-Foul ging´s wieder so: *„Herr Binder, lassen´s mich rasch eini, dem Spencer gib´ i eine!"* Aber erst zehn Minuten vor Schluß war es so weit, kam Binders Einsatzbefehl: *„Gustl, geh´ rein!"* Es gab gerade Freistoß für Penarol vor der Betreuerbank. Starek lief zum Ball, den sich Spencer gerade zurechtlegen wollte, fuhr dem Stürmer so durch die gekräuselten Haare, dass der es richtig spürte. Spencer drehte sich um, schaute und fackelte nicht lange, schlug mit der Faust zu, traf Starek am Kinn: klassisches K.o. Starek war bewusstlos, musste mit der Tragbahre weggebracht werden – ohne den Ball berührt zu haben. Auch ein Rekord.

KURIOSES

RAPID-KASERNIERUNG in den Sechzigerjahren vor einem wichtigen Europacupspiel in Baden. Da wurde auch viel gepokert. Die Kartenrunde bestand aus Walter Skocik, Rudi Flögel, Gustl Starek und Franz Hasil. In den ersten Tagen verlor meist Hasil. Eines Tages ging die Mannschaft nach dem Abendessen gemeinsam ins Kino. Nach mehr als einer halben Stunde ging die Tür auf – Franz Hasil kam rein. Da dachte Gustl Starek: *„Was hat der die ganze Zeit g'macht?"* Nach dem Kino zurück auf den Spieltisch. Nach einiger Zeit fiel Starek auf, dass die Karten auf der Rückseite zum Unterschied von vorher Kerben hatten. Da sagte Starek verärgert: *„Aus, meine Herren, so nicht weiter, die Karten sind gezinkt!"* Skocik, der gerade verlor, bekam Riesenadern: *„Wer war das? Den bring' i um!"* Der Sieger dieser Partie hieß Flögel – dem war alles peinlich: *„I net, i net!"*. Nur Hasil saß teilnahmslos da, begann aber auf Stareks Frage, wo er gewesen sei, als die Mannschaft im Kino saß, zu stottern. Starek: *„Während wir im Kino waren, hat er die Karten gezinkt – aber trotzdem wieder verloren!"*

Der junge Franz Hasil im Rapid-Dress. Als er etwas älter wurde, versuchte er alle möglichen Tricks beim Kartenspiel. Aber alles flog auf. Gustl Starek durchschaute alles.

DIE DERBYS IN WIEN sind für Austria und Rapid fast immer die wichtigsten Spiele der Saison – da gibt's immer besondere Maßnahmen. So wurde Rapid 1977 vor einem Duell gegen den Erzrivalen im Hotel am Tulbinger Kogel kaser-

So feierte man früher Europacup-Triumphe

1968 schaltete Rapid Real Madrid im Europacup der Meister sensationell aus. Zuerst 1:0 in Wien, dann 1:2 im berühmten Madrider Bernabeu-Stadion. Das Auswärtstor von Johnny Bjerregaard machte den Triumph perfekt. Daher mieteten Trainer Karl Decker, der damals den erkrankten Rudi Vytlacil vertrat, und die Mannschaft einen alten Straßenbahnwagen und fuhren von der Staatsoper hinaus nach Nußdorf zu den „Drei Spitzbuben". Dort wurde der Triumph noch einmal zünftig gefeiert. Aber schon bei der Abfahrt von der Oper war die Laune bestens. Von links: Rudi Flögel, Walter Gebhardt mit Zylinder, Walter Skocik mit Partyhut, der spätere Rapid-Präsident Günther Kaltenbrunner (Schütze des Siegestors von Wien), Trainer-Assistent Szep, Karl Decker und Kapitän Walter Glechner mit dem „Schaffner-Kopfschmuck".

Auch ein Ritter kann vor dem Derby Kopfweh kriegen: Herbert Feurer

AUSTRIA 1976 MEISTER – da lud Präsident Leopold Böhm die Mannschaft zur Meisterfeier nach Paris ein. Superhotel, jeder bekam von Böhm ein Taschengeld. Abende im berühmten Lido und im Crazy Horse wurden fix gebucht. Da sollte man schon standesgemäß gekleidet sein. Also beschloss Herbert Prohaska damals, sich für Paris einen superschönen Sommeranzug zu kaufen. Er fuhr in Wien zu „Don Gil" im zehnten Bezirk, erstand einen blau-weiß gestreiften Anzug. Im Flugzeug nach Paris kündigte Prohaska den Mitspielern bereits an: *„Na bumm, heut' abend wird's euch die Augerln raushauen, ich hab' ein Anzügerl vom Feinsten!"*
Am Abend vor der Abfahrt ins Lido klopfte es an der Tür. Von draußen rief Ernst Baumeister: *„Schneck, mach' mir bitte einen Krawattenknopf!"* Prohaska öffnete die Tür, glaubte in den Spiegel zu schauen – Baumeister hatte den gleichen Anzug an. Hans Pirkner ernannte sie prompt zu den Zwillingen. Frei nach den damaligen Rapid-Zwillingen Heinz Holzbach und Fritz Grassi. Stürmer Willi Pöll war schon in einem mitterniert. Um 23 Uhr Bettruhe – in einem Zimmer Tormann und Libero, Herbert Feurer und Peter Persidis. Noch vor Mitternacht bekam Feurer wahrscheinlich vor lauter Nervosität Kopfweh, konnte nicht schlafen. Das änderte sich nicht bis drei Uhr früh. Auch Persidis wurde munter – Feurer fragte: *„Weißt du, in welchem Zimmer unser Masseur schläft?"* Persidis nannte das Zimmer 14. Feurer hinaus auf den Gang, zum Zimmer 14. Die Tür war offen – also hinein. Die Person, die im Bett lag, wurde kräftig durchgerüttelt: *„Franz, werd' munter, ich brauch' sofort ein Kopfwehpulver!"* Der Franz entpuppte sich aber als eine Dame mit Kopftuch und im zarten Alter von 75, die auf den nächtlichen Zwischenfall mit markzerreißenden *„Hilfe, Überfall! Hilfe, Überfall!"*-Schreien reagierte. Riesenaufregung im Hotel, bis alles aufgeklärt werden konnte – falsche Zimmernummer. Am Nachmittag trotzte Rapid dem Favoriten Austria ein 0:0 ab. Dank fehlerloser Leistungen des Torhüters und des Liberos.

SOS – Sinnlos Ohne Schneckerl

nachtsblauen Anzug nach Paris geflogen – nur war ihm der etwas zu klein. Also musste er sich prompt den Häkerl *„gut g'halten hat er sich, dein Kommunionsanzug"* anhören. Pöll: *„Ich hab' sowieso einen zweiten Anzug mit!"* Also wurde Pöll geraten, ins Lido doch besser den anderen anzuziehen. Am Abend Abfahrt vom Hotel – die meisten saßen schon in der Halle. Sahen hinauf in den Halbstock, wo eine Brüstung war. Auf einmal tauchte Pöll an der Brüstung auf – trotz der damaligen Hitzewelle in Frankreich mit einem ganz dicken Winteranzug, fast ein Asbest-Anzug. Keiner sagte ein Wort, alle sahen nur lächelnd zu Pöll hinauf. Der brüllte wütend vom Halbstock in die Halle hinunter: *„Ihr Trotteln, ich hab' kan andern!"*

EIN JAHR NACH DER WM 1978 musste Wacker Innsbruck überraschend und unerwartet absteigen. Obwohl im Sommer Josef Hickersberger aus der deutschen Bundesliga (Fortuna Düsseldorf) geholt wurde, im Winter der ungarische Ex-Teamchef Lajos Baroti die Mannschaft übernommen hatte. Hickersberger war in einem Schlüsselspiel sogar der „Sargnagel" – daheim gegen VOEST Linz am Tivoli wenige Runden vor Schluß. Ein Sieg musste her. Hickersberger rannte sich die Seele aus dem Leib. Einmal übersah der Wiener FIFA-Referee Heinz Fahnler ein Foul an ihm – der daraus resultierende Konter der Linzer konnte nur durch eine unfaire Attacke in Strafraumnähe gestoppt werden. Hickersberger stand beim Freistoß der Linzer in der Innsbrucker Mauer – noch immer wütend. Spuckte den Kaugummi aus dem Mund, übernahm ihn volley in Richtung Schiedsrichter – und traf

Früher traf er sogar mit dem Kaugummi genau den Schiedsrichter zwischen die Augen, jetzt die Golfbälle: Josef Hickersberger

Fahnler damit genau zwischen den Augen. Zwar unabsichtlich, aber woher sollte Fahnler das auch wissen oder ahnen, den Hickersberger-Unschuldsbeteuerungen glauben? Fahnler, der immer viel Zivilcourage zeigte, nie ein Heimschiedsrichter war, schloss Hickersberger sofort aus. Die Tiroler Volksseele kochte, Fahnler musste mit Polizeischutz bis Wörgl gebracht werden, konnte erst dort in den Zug steigen. Aber der Strafsenat traute Hickersberger nicht zu, so ein Kunstschütze zu sein – nur zwei Spiele Sperre.

Kein Platz auf dem Mannschaftsfoto der Austria, daher beim Fototermin im Abseits: Walter Schachner.

NACH DREI JAHREN AUSTRIA hatte Torschützenkönig Walter Schachner 1981 Angebote aus dem Ausland. Unter anderem war der FC Sevilla als Interessent auf den Plan getreten. Deshalb entschied der damalige Trainer Erich Hof: *„Du bist nicht mehr mit dem Herz und vollem Ernst bei der Mannschaft, du darfst nicht auf das Mannschaftsfoto hinauf!"* Also musste Schachner beim offiziellen Fototermin abseits stehen, durfte nur zuschauen. Als sich die Sache mit Sevilla zerschlug, wurden keine neuen Fotos gemacht – denn kurz darauf kam Italiens Aufsteiger Cesena nach Wien, nahm Schachner unter Vertrag.

In der Meisterschaft lief die Austria-Lokomotive mit Herbert Prohaska und Tibor Nyilasi wie geschmiert – für den FC Liverpool reichte der Dampf aber dann doch nicht.

MITTE DER ACHTZIGERJAHRE traf die Austria im Viertelfinale des Europacups auf den FC Liverpool. Da hatte „Mister Austria" Josef Walter die Idee, dass es doch etwas bringen müsste, sich auf der Insel auf die Partien vorzubereiten, um sich an die englischen Verhältnisse zu gewöhnen, speziell auf den kampfbetonten Stil. Dazu besuchte die Mannschaft in London auch Spiele anderer Klubs. So ging die Mannschaft eines Abends zu einem Chelsea-Match ins Stadion an der Stamford Bridge. Großes Rätseln, wer denn der Spieler sei, der gerade eingewechselt wurde. Speziell bei Peter Artner, damals ein junger Spund. Er fragte und fragte, bis ihm der Kärntner Vorstopper Franz Zore sagte: *„Das ist der Mister Loctite!"* Artner war selig – die damalige Werbekampagne mit dem glatzköpfigen „Mister Loctite" für einen Alleskleber war ihm kein Begriff. So ging er beflissen herum, teilte den arrivierten Spielern mit: *„Bei Chelsea spielt jetzt der Mister Loctite!"*

AUSWÄRTSSPIEL DES FC TIROL in Ernst Happels Ära gegen Sturm Graz, noch in der „Gruab'n". Abschlusstraining auf den Plätzen der Innsbrucker Universität, danach Flug nach Graz. Die Mannschaft beim Aufwärmen, Vorstopper Kurt Garger kam zu spät, wusste, schon von früher, dass Happel solche Sachen nicht duldete. Noch im Laufen zum Trainingsplatz versuchte er die Regenjacke anzuziehen – aber schon ertönte Happels Stimme: *„Na, na, du kannst gleich wieder umdreh'n, hau dich wieder in die Kabin'. Du bist nicht dabei!"* Flug nach Graz ohne Garger. Nächsten Tag Spielerbesprechung in der alten, engen Kabine in der „Gruab`n". Also sprach Happel: *„Also die Aufstellung: Wir spielen mit Lindenberger im Tor, rechts auf der Seite Lainer, Libero Pezzey. Und jetzt muss ich dazu kurz etwas sagen. Vorstopper wäre natürlich der Garger gewesen, weil er zuletzt gut gespielt hat, aber so geht das nicht. Ich will Disziplin. Verschlafen, zu spät kommen zum Training, das dulde ich nicht. Das könnt's euch für immer merken."* Sprach's und ging aus der Kabine. Die Spielerversammlung war damit beendet! Und die meisten Spieler waren ratlos: Wer spielt noch? Sie erfuhren die weitere Aufstellung von Bruno Pezzey und Peter Pacult.

HERMANN STESSL begleitet der Ruf, dass ihn eigentlich nicht aus seiner Bierruhe bringen kann, dass es für ihn immer Wichtigeres als den Fußball gab. Sowohl als Aktiver, wie auch als Trainer. Verbrieft ist aus seiner Spielerzeit beim GAK die Geschichte, dass er in der Kabine vor dem Rauslaufen einen Mitspieler fragte: *„Gegen wen spiel'n wir eigentlich heute?"* Auch auf der Austria-Trainerbank konnte ihn nur äußerst selten etwas erschüttern. Einmal Derby gegen Rapid, gefährlicher Schuss knapp am Austria-Tor vorbei, auf der Austria-Bank sprangen fast alle erleichtert auf, Stessl blieb mit stoischer Ruhe sitzen. Als sein Assistent Ferry Janotka nach dem Erleichterungsspruch wieder auf der Bank landete, fragte er ihn: *„Ferry, was glaubts du? Welchen Rasenmäher soll ich mir für meinen Garten kaufen?"* Damals war Stessl gerade auch mit seinem Hausbau in Hennersdorf beschäftigt ...

Drei Mann, den Tormann, den rechten Verteidiger und den Libero, stellte noch Ernst Happel auf, ehe er die Spielerversammlung verließ. Den Rest der Tiroler Mannschaft nominierten dann Bruno Pezzey und Peter Pacult. Dennoch wurde es ein Auswärtssieg gegen Sturm.

FRANZ WOHLFAHRTS FREUND Peter Zajicek bekam für die Saison 1993/94 einen Vertrag als zweiter Tormann der Austria. Er brauchte in der Zeit Großteile seines Gehalts, um die Wetten zu begleichen, die er ständig verloren hat. So wettete er vor Austrias Europacupspiel gegen den FC Barcelona im Nou Camp-Stadion. Wohlfahrt erzählte Zajicek von Nou Camp, in dem er zuvor schon zweimal gewesen war: *„Ein riesiges Stadion, das kannst du dir nicht vorstellen, wie hoch das ist, fünf Stockwerk!"* Darauf antwortete Zajicek: *„So hoch kann das schon nicht sein. Da nehm' ich die Kugel und schieß sie auße, aus dem Superstadion!"* Andi Ogris hörte das, sagte: *„Na gut, wett drauf. Wennst' das nicht schaffst, zahlst für die ganze Mannschaft eine Schweizerhaus-Partie, mit Essen und Trinken!"* Top, die Wette galt. Als die Austria mit dem Autobus zum Abschlusstraining ins Nou Camp-Stadion fuhr, jubilierte schon Zajicek. Von außen sieht das Stadion ja nicht so hoch aus: *„Na, das schaff' ich leicht, überhaupt kein Problem!"* Na, hinein ins Stadion. Der Eingang ist aber in der Mitte – es geht noch zwei Stockwerke nach unten. Als Zajicek oben auf der Ehrentribüne stand und runterschaute, sagte er nur noch: *„Wann geh'n wir denn essen?"* Er verzichtete auf jeden Versuch ...

WINTER-TRAININGSLAGER von VOEST Linz 1981 in Ungarn. Trainer war „Mucki" Wieger, der viel Wert auf Disziplin legte, stets zu Kontrollen auf die Zimmer ging. Mit dem Star der Truppe, Willi Kreuz, verstand sich Wieger nicht gerade gut. Beim Abendessen vereinbarten Kreuz, Max Hagmayr und Dieter Mirnegg: *„Sagen wir so laut, dass es der Trainer hört, dass wir uns um neun Uhr beim Eingang treffen und dann fortgehen!"* Sie kündigten das so laut an, dass man es auch in der Küche hätte hören müssen. Es schneite an diesem Abend heftig – trotzdem stand Wieger schon um 15 Minuten vor neun vor der Haustür im dichten Schneefall. Die Spieler schauten vom Zimmerfenster runter, unterhielten sich köstlich, dass der Trainer eine Stunde lang eisern im Schnee durchhielt. Kreuz: *„Am Ende war schon ein halber Meter Schnee auf seinem Kopf, der ist dort g'standen wie ein Schneemann!"*

Ließ seinen Trainer im ungarischen Schnee stehen: Willi Kreuz.

RAPID-TRAININGSCAMP Sommer 1996 in Vorarlberg: Das Jahr, in dem Rapid im Europacupfinale und international wieder eine große Nummer war. In dem sich der brasilianische Star von Paris St. Germain, Rai, nach dem 1:0 im Brüsseler Finale gegen Grün-Weiß bei der Doping-Kontrolle mit Peter Schöttel und Zoki Barisic verbrüderte. Alle drei konnten nicht, mussten ein Bier nach dem anderen trinken – bald brüllten alle drei nur noch: *„Brasil, Brasil, Brasil"*.
Als Gäste nach Vorarlberg durften vier Spieler aus Dubai kommen – eine Riesenehre: zum Europacupfinalisten und Meister. Als Gegenleistung wurde Rapid im Winter darauf wieder zum Trainingscamp nach Dubai eingeladen. Einer der vier

Mittrainierenden aus den Emiraten war ein Tormann. Der war etwas übergewichtig – Tormanntrainer „Funki" Feurer trainierte mit ihm, dass die Fetzen flogen. Aber trotz brutalen Trainings gab der Gastkeeper nicht nach – sieben Kilo Gewichtsverlust in einer Woche waren die Folge der Schikane. Feurer fürchtete, dass der Gast „mörderisch sauer" auf ihn war. Aber weit gefehlt. Im nächsten Februar flog Rapid nach Dubai. Ein freier Abend – Fahrt in ein Einkaufscenter. Feurer wartete in der großen Parkhalle auf die Spieler – plötzlich fuhr eine Riesenlimousine vor. Leibwächter sprangen herum – Feurer dachte: *„Das muss ein Scheich sein!"* Der Scheich stieg aus, war super gekleidet und ging schnurstracks auf Feurer zu. Der dachte sich: *„Na, servas, was ist denn jetzt los?"* Auf einmal fiel der vermeintliche Scheich Feurer um den Hals: *„Hallo Coach, Hallo Coach, how are you?"* Es war der Gasttormann von Vorarlberg – in Wahrheit ein Prinz aus einem Emirat ...

IN DER ERSTEN ÄRA von Herbert Prohaska und Erich Obermayer auf der Austria-Betreuerbank Anfang der Neunzigerjahre fuhr einmal auch ein Stürmer aus dem Unter-21-Team namens Quantschnigg ins Trainingslager. Der war im Unter-21-Bewerb sehr gut, aber für ganz oben hat's nicht gereicht. Als Christian Prosenik damals während des Trainingslagers nicht so „marschierte", wie es Obermayer wollte, drohte er ihm: *„Christian, wenn du so weiter machst, wird am ersten der Quantschnigg aus dem Lohnsackl schau'n!"* Was Obermayer übersehen hatte und ihm danach furchtbar peinlich war: Quantschnigg stand genau hinter ihm.

Urlaub von der harten Arbeit

Auf dem Foto sehen sie wie Urlauber am Meer aus, aber in Wahrheit war das nur die Erholung vom Stress der Fußball-WM 1998 in einigen der wenigen freien Stunden. Diese genossen, streng inkognito hinter Sonnenbrillen versteckt, Teamchef Herbert Prohaska, Tormanntrainer Herbert Feurer und Teamchef-Assistent Erich Obermayer.

Eine Frage an die Rapid-Fans: Wer ist der Schwarze Peter?

Schwarzer Peter einmal auf Grün-Weiss. Aber auch bei einem Kartenspiel für Rapid-Fans stellt sich die Frage: Wer ist dabei der Schwarze Peter? Zur Auswahl stehen „Funki" Feurer oder der verhinderte Bauchfleck (vorne links), in der hinteren Reihe Masseur Wolfgang Frey, der einmal die schwarze Katze hat, Rapid-Doktor Robert Lugscheider, die Rapid-Stimme Andy Marek, das Eck-Genie Dejan Savicevic, sowie vorne Peter Schöttel und Roman Wallner. Schöttel und Savicevic fallen aus der Wertung, weil sie nicht mehr für Grün-Weiß spielen.

LEGIONÄRS-ERLEBNISSE

MAX HORAK war Anfang der Sechzigerjahre Legionär in Frankreich – zuerst Sochaux, dann Racing Club Paris. Das ging damals so: 11 Uhr Ankunft, 12 Uhr Essen mit Trainer und Präsident, 13 Uhr ab mit dem Zug nach Monaco, abends Spiel. Bei Sochaux gab's aber Probleme mit einem Korsen, der immer sauer auf den Legionär aus Wien war. Der Trainer war im Zweiten Weltkrieg in Mauthausen im Konzentrationslager – der hatte Horak auch „gern", duldete, dass der Korse im Training stets auf Horak „hinhaute" Horak ging zum Kapitän: *„Ihr müsst mit dem etwas machen, ich lass' mir das nicht mehr gefallen!"* Der Kapitän versprach: *„Wir lassen uns etwas einfallen!"* Wieder Training, wieder Tritte und Schimpfkanonaden des Korsen gegen Horak – danach beförderten die Mitspieler den Korsen und den „Autrichien" mit einem Stoß in eine kleine Kabine, sperrten hinter ihnen zu. Sie sollten das allein regeln. Lösung auf französisch. Horak: *„Ich hab' ihn so g'salzen und g'haut, weil wenn mich er g'haut hätt', wär' mir nichts anderes übrig geblieben, als heimzufahren!"* Am Ende entschuldigte sich der Korse auf Knien. Horak: *„Das ist dann mein bester Freund geworden."*

INTER-LEGIONÄR HERBERT PROHASKA (Bild links) flog 1980 zum WM-Qualifikationsspiel gegen Finnland ohne Umweg über Wien aus Mailand nach Helsinki. Das Team traf damals seine Legionäre oft erst am Spielort. Mit Barcelona-Goleador Hans Krankl vereinbarte er telefonisch: Fliegen wir über Frankfurt, dort treffen wir uns. Beim Gate zum Weiterflug nach Helsinki im Transitraum. Prohaska war als Erster dort, löste schon die Bordkarte. Trug in der Hand die großformatigen italienischen Sportzeitungen und seine Tasche.

Als Krankl kam, hatte der einen Wunsch: *„Geh' ma auf einen Kaffee!"* Prohaska: *„Wart ein bisserl, ich muss' noch rasch aufs Klo!"* Prohaska auf der Toilette – da stellte sich die Frage, was tun mit den Zeitungen und der Tasche? Er erblickte einen

Kondom-Automaten an der Wand. Stellte die Tasche drauf, legte die zusammengelegten Zeitungen samt Bordkarte auf die Tasche. Die Zeitungen gingen aber auf, die Bordkarte verschwand nach einer halben Drehung hinter dem Kondom-Automaten, blieb aber zwischen Wand und Automat stecken. Prohaska rüttelte, aber nichts rührte sich. Wurde von anderen Fluggästen, die die Toilette betraten, groß angestarrt: Warum rüttelt der nur so heftig am Kondom-Automat? Hat er vielleicht Geld reingeschmissen und bekam dafür keine Gegenleistung, ist deshalb so wütend, traktiert den Automaten? Szenen, die fast an die legendäre Kottan-TV-Serie mit den heißen Duellen zwischen Polizeipräsident Pilch und dem Kaffeeautomaten erinnerten. Nach mehreren vergeblichen Versuchen, die Bordkarte zu befreien, gab Prohaska auf, ging zurück zum Schalter, zur Stewardess: *„Mir ist da am Klo etwas passiert. Die Bordkarte, die ich erst vor fünf Minuten bekommen habe, ist mir hinter dem Automat hineingerutscht"*

Die Stewardess, mit den Örtlichkeiten der Herren-Toilette natürlich nicht vertraut, fragte: *„Was für ein Automat?"* Prohaska antwortete noch in seiner Einfalt: *„Na, sie wissen's doch eh, was da für ein Automat am Klo ist!"* Darauf die Stewardess entrüstet: *„Nein, ich geh' ja nicht auf's Herrenklo!"* Darauf Prohaska: *„Na ja, da ist ein Automat mit Präservativen, da ist mir die Bordkarte hinten reingerutscht!"* Darauf ein mittlerer Lachkrampf der Stewardess. Prohaska: *„Entschuldigen, aber das ist kein Spaß!"* Sie darauf ernst: *„Ich kann ihnen aber nicht helfen. Entweder sie können irgendwie die Bordkarte hinter dem Automaten hervorholen oder Sie müssen sich ein neues Ticket kaufen!"* Prohaska: *„Wahnsinn, Sie müssen sich doch an mich erinnern können!"* Sie bejahte. Daher Prohaska: *„Also, wo ist das Problem? Ich nehm' ja keinem den Platz weg! Sie können nachschauen, wo ich gesessen wäre, stellen*

Prohaska bei Inter – „Schneckerl al dente"

„Giovanni Krankl, den kann ich euch empfehlen. Aber ob der Alt-Erlaa verlassen wird?"

sie mir eine neue aus!" Die Dame beharrte: *„Streng verboten, so geht das nicht. Entweder die alte Bordkarte oder ein neues Ticket kaufen. Ich kann dann, während sie schon in der Luft sind, die Arbeiter holen, damit sie den Automaten abmontieren. Wenn wir die Bordkarte finden, bekommen Sie in Helsinki die Kosten für das neue Ticket ersetzt!"*

Also ging Prohaska nochmals aufs Klo, rüttelte und schüttelte, begleitet von *„Hoppauf, hoppauf"* sowie *„Gemma, Gemma"*-Rufen Krankls, für den alles eine Riesenhetz war, am Kondom-Automaten, aber die Bordkarte blieb stecken. Daher neues Ticket kaufen – aber in Helsinki bekam er das Geld zurück.

KURT JARA hatte in seiner Spielerzeit beim MSV Duisburg unter anderem einen Trainer, der intern dafür bekannt war, dass er gerne die Nacht zum Tag machte und sich dabei das eine oder andere „Bierchen" genehmigte, wie man in Deutschland zu sagen pflegt. Auch ein oder mehrere „Schnäpschen", die in dieser Gegend berühmt-berüchtigten „Klaren", konnten dabei sein. Da Duisburg damals gut drauf war, für seine Begriffe sehr erfolgreich spielte, drang nie etwas von den Eskapaden Heinz Höhers an die Öffentlichkeit. Obwohl dem Massenblatt „Bild" ja sonst nichts verborgen bleibt. Auch die verrückteste Szene, die Jara in seiner ganzen Spielerzeit mit einem Trainer erlebte, stand nicht in den Zeitungen: Eines Tages stand Höher, nach einer durchzechten Nacht noch nicht wieder ganz auf der Höhe, beim Morgentraining im Wedau-Stadion im Pyjama auf dem Platz, begann auch in der ungewohnten „Montur" das Training zu leiten, bis dann doch sein Assistent eingriff, den Chef zum Umziehen in die Kabine schickte. Riesengelächter bei den Spielern – Jara, der heuer anlässlich des zweiten Tiroler Meistertitels unter seiner Regie im Horr-Stadion gegen die Austria in der Lederhose auf der Trainerbank saß, schließt dezidiert aus, dass ihm auch bei nächtelangen Feiern nach dem größtmöglichen Hamburger Triumph ein ähnliches Missgeschick wie Höher passieren könnte. Der einleuchtende Grund: *„Ich schlafe immer nackt!"*

Bild
UNABHÄNGIG · ÜBERPARTEILICH

Kurt Jara als Vorbild für DJ Ötzi! So feierte Deutschlands Massenblatt den Einstand von Tirols Meistermacher als Trainer des Hamburger SV mit dem 4:0 gegen Hertha BSC Berlin.

Österreichs Antwort auf den Hollywood-Klassiker mit Vivian Leigh und Clark Gable. Man beachte: Schachner mit Schnurrbart und einem Dekolleté, das alle Stückerln spielt.

ANFANGS hat fast jeder Legionär bei seinem neuen Klub kleine Sprachschwierigkeiten. Daher kam's, dass Walter Schachner in Cesena zu Beginn sogar „Verdächtigungen" ausgesetzt war. Es ging gleich hinauf in die Berge in ein dreiwöchiges Trainingslager. Schachner konnte kein Wort italienisch – Dolmetsch für ihn war sein Zimmerpartner, ein 17jähriges Talent aus Südtirol. Einer aus Sardinien konnte auch ein paar Brocken Deutsch, freundete sich mit Schachner an. Als sie eines Tages nachmittags zum Training gingen, der Sarde aber noch gemütlich im Hotelgarten saß, wollte Schachner mit seinen Italienisch-Kenntnissen angeben. Er sagte: *„Andiamo in campo"*. Was heißen sollte: Geh'n wir auf den Platz. Aber Schachner sagte das so unklar, dass der Sarde nur verstand: *„Ti amo in Campo"*. Also *„Ich liebe dich am Platz"* – was soll das, dachte sich der Sarde. Er lachte ob der vermeintlichen Liebesattacke über das ganze Gesicht, rief zurück: *„Ja, komme gleich"*.

JAHRE SPÄTER in Avellino bei Neapel war von Liebe keine Rede mehr. In den ersten sieben Runden erzielten Schachner und sein griechischer Stürmerkollege Anastopoulos kein Tor. Das bedeutete schon Abstiegsgefahr – zuviel für die heißblütigen Fans. Eines Tages bombardierten sie beim Training zunächst die Spieler mit Tomaten und Orangen – das ging noch halbwegs. Dann Steigerungsläufe – auf einmal sprangen zwanzig Fanatiker über den Zaun, machten mit Prügeln in der Hand Jagd auf die Spieler. Die flüchteten alle in die Kabine, sperrten zu, saßen dort zwei Stunden – keiner wagte sich hinaus, die Carabinieri zu verständigen. Als sich dann die Lage beruhigt zu haben schien, trauten sich die Spieler zu ihren Autos – am Dienstwagen Schachners waren alle vier Reifen zerstochen, der Lack total zerkratzt. Vor dem Spielerparkplatz war ein Eisentor, das musste aufgeschoben werden, damit man rausfahren konnte – vor dem Tor warteten jetzt 100 Fanatiker mit ihren Prügeln. Mit denen droschen sie auf Schachners Auto ein – auf den Felgen rettete sich Schachner irgendwie in die Stadt und in eine Werkstatt. Zwei Monate später erzielte er in Pisa das Siegestor, beim 6:2-Auswärtssieg in Udine drei Tore – da busselten ihn die ab, die zuvor mit dem Prügel auf ihn Jagd gemacht hatten.

MEISTERSAISON HERBERT PROHASKAS in Rom, Frühjahr 1983 – Training am Tag vor dem Heimspiel war immer im Roma-Zentrum „Tre fontane" im Stadtteil EUR. Ein kleiner Platz, rundherum hohe Zypressen, eine kleine Tribüne. Um von den Kabinen auf den Platz zu kommen, musste ein Baum gefällt werden – fünf Meter neben dem Tor betrat man zwischen zwei Zypressen den Rasen. Die Spieler waren schon draußen, schossen vom Sechzehner Tormann Tancredi locker ein, auch Prohaska. Als Letzter kam der „Mister", wie Trainer Nils Liedholm genannt wurde. Prohaska war gerade zum Schießen an der Reihe, kündigte Tancredi an: *„Jetzt hau' ich dir einen in den Winkel rauf, da hast du keine Chance!"* Prohaska wollte scharf aufs Kreuzeck schießen, lief an, nagelte drauf – in dem Moment kam Liedholm zwischen den zwei Zypressen rein. Prohaska schoß fünf Meter daneben, traf aber Lidholm im Gesicht, genau am linken Auge – der Trainer flog gleich wieder zwischen den zwei Zypressen zurück in Richtung Kabinen, war weg. Prohaska richtig erschrocken, die anderen Spieler schrien auf – Liedholm kam erst zwanzig Minuten später mit total verpicktem Auge wieder auf den Rasen. Und prompt musste Prohaska die Erfahrung machen, dass der römische Schmäh dem wienerischen etwas ähnlich ist. Denn immer wenn Liedholm in der Nähe war und mithören konnte, sagte etwa der berühmte Bruno Conti, damals regierender Weltmeister, zu Nela oder Pruzzo: *„Dass man so etwas kann, dem Trainer mit Ansage genau auf's Aug zu schießen. Der sagt, wenn der Trainer jetzt rauskommt, dann schieß ich ihm auf den Schädel – und das gelingt auch. Unglaublich!"* Liedholm hörte alles mit, aber er war nicht nachtragend. Auch wenn er zwei Tage mit verpicktem Aug' herumging ...

Andere Länder, andere Sitten – diese Erfahrungen machten Walter Skocik und Didi Constantini, umgeben von Scheichs, in Saudi Arabien bei Ittihad Jeddah. Aber offenbar konnten sie sich rasch umstellen – es gelang der Sieg im heiß begehrten Kings Cup.

DIE PETRO-DOLLARS der saudiarabischen Prinzen lockten mitunter auch österreichische Trainer. So Walter Skocik. Der unterschrieb 1987 bei Ittihad Jeddah, nahm Didi Constantini und Alfred Riedl als seine Assistenten mit. Am Abend vor dem Spiel ein Essen. Die Araber sitzen dabei bekanntlich oft am Boden – je acht Spieler im Halbkreis um eine Schüssel mit Fleisch und Reis. Skocik und Constantini blieben mit ihrem Dolmetsch am Tisch, wie sie es aus der Heimat gewohnt waren. Ein ehemaliger Spieler fungierte für die neuen Trainer als Verbindungsglied zur Mannschaft. Der kam zum Tisch, setzte sich aber nicht neben Constantini und Skocik auf einen der freien Sessel, sondern auf den Tisch hinauf, hatte zuvor als Akt von Höflichkeit seine Sandalen ausgezogen. Die Zehen waren nur wenige Zentimeter von der Salat- und Reisschüssel der Trainer entfernt.

Andere Länder, andere Sitten – Skocik und Constantini sagten an diesem Abend zu den ungewöhnlichen Tischmanieren kein Wort. Fragten nachher nur den Dolmetsch, ob man ihn bitten könnte, ähnliche Aktionen zu unterlassen oder ob das zu unhöflich sei. Der Dolmetsch klärte auf: Der Ex-Spieler wollte mit der Aktion am Tisch nur der Mannschaft zeigen, dass er jetzt in den Betreuerstab gewechselt ist.

ANDI HERZOG hatte in den Anfangsjahren bei Werder Bremen einen Mitspieler namens Torsten Legat. Linker Verteidiger, Bodybuilder, ein Körper wie Arnold Schwarzenegger, aber nicht mit sehr großer Intelligenz gesegnet. Als ihn eine Knieverletzung plagte, schickten ihn Klubarzt und Masseur zu einer Kernspintomographie, um genau zu sehen, wie schwer die Verletzung sei, wie man sie am besten behandeln könne. Als die fiten Spieler das Training beendet hatten, kam Legat gerade von der Röntgenuntersuchung zurück. Ging freudestrahlend in die Kabine, sagte zum Masseur: *„Das war super, Herr Berger. Noch so eine Behandlung und ich bin wieder fit!"* Einbildung ist auch eine. Als sich Legat einmal den Mittelfußknochen gebrochen hatte, antwortete er auf Fragen der Journalisten nach der Verletzung: *„Ich habe eine Struktur des Mittelfußknochens!"* Struktur statt Fraktur. Auch nicht schlecht ...

TRAINER ZU DIESER ZEIT in Bremen war Otto Rehhagel. Dem und seiner Freundin Beate war auch wichtig, dass die Spieler nicht nur an Geld denken, weiter Spaß am Fußball haben, am Ende außer Millionen am Konto auch Titel vorweisen können. Das hämmerte Rehhagel der Bremer Meistertruppe mit Herzog immer wieder ein. Als sie „König Otto" wieder einmal belehrte, sagte der lange Abwehrspieler Michael Schulz: *„Ja, ja, Trainer, wir wissen, Geld ist nicht alles!"* Das freute Rehhagel: *„Gut, Junge, dass du es kapiert hast!"* Aber in dem Moment sagte Schulz: *„Man braucht dazu auch ein paar Aktien und Immobilien!"* Da wurde Rehhagel gleich wieder schlecht ...

Mit Werder Bremen wurde Andi Herzog (Mitte) zwar auf Anhieb Deutscher Meister, aber zugleich mit Österreich zur WM 1994 in die Vereinigten Staaten zu kutschieren gelang nicht. Das gelang Herzog und Peter Stöger (links) bei der WM 1998 – da war aber Andi Ogris (rechts) nicht mehr dabei.

DER GANZE WECHSEL von Markus Schopp nach Italien zu Brescia verlief nur mit riesigen Hindernissen. Erste Verhandlung – Schopp und sein Anwalt Christian Flick trafen sich in Udine mit dem kroatischen Manager Predrag Nalletilic, der beste Verbindungen zu Brescia-Boss Luigi Corioni hatte. Um acht Uhr abends sollte man in seinem Büro in Brescia sein – aber nach einem Unfall bei Udinese war die Autobahn stundenlang blockiert, gab's im Megastau kein Weiterkommen. Verhandlung erst später – aber da sind die Italiener beinhart: Bis 1.30 Uhr in der Früh wurde nur Mineralwasser serviert.

Sturm-Boss Hannes Kartnig legte sich lange gegen den Schopp-Wechsel quer – am Ende vertrug er sich doch mit Brescia-Präsident Corioni.

Corioni verdient seine Millionen mit der Herstellung von WC-Anlagen. Vom Luxus-Klo bis zum Mobil-WC. Und fast alle Modelle stehen in Corionis Büro. Flick ahnte, dass es bei den Verhandlungen zwischen Sturm und Brescia Probleme geben könnte – also verschwieg er Sturm-Präsident Hannes Kartnig Corionis Einnahmequelle. Der „vorlaute" Kartnig hätte sonst sicher im Verlauf der turbulenten acht Wochen, in denen Brescia zuerst gar nichts zahlen wollte, weil Schopp am Jahresende nach Vertragsende in Graz ohnehin gratis frei gewesen wäre, sich provokant unnötig Zeit ließ, Kartnig wiederum mehr kassieren wollte, als mit Schopp ausgemacht war, Corioni in einem Wutanfall (etwa, als Brescia via Italiens Verband beim ÖFB die Freigabe anforderte, ohne noch mit Sturm verhandelt zu haben) einmal „Häuslpräsident" genannt. Es reichte ohnehin, dass Kartnig von einem „Zeisserlklub" sprach – das beleidigte die stolzen Italiener zutiefst. So gab's wüste Schreiduelle am Telefon zwischen den Klubmanagern Ginaluca Nani und Heinz Schilcher, bei denen einige Male das Wort „Bastardo" fiel. Kartnig tobte über Schopp und Flick.

Viel Prominenz bemühte sich um einen Kompromiss – vom mit Kartnig befreundeten steirischen Sportlandesrat Gerhard Hirschmann über ORF-Sportchef Elmar Oberhauser, Robert Seeger bis zu Teamchef Otto Baric – lange Zeit half alles nichts. Endlich, nach acht Wochen, kam im September doch ein Präsidentengipfel zwischen Kartnig und Corioni in Udine zu Stande – und plötzlich sah alles ganz anders und viel freundlicher aus. Kartnig mitten in den Gesprächen via Handy zu Flick, der zwecks Nervenberuhigung

Privates Glück mit Freundin Lisa, die aus Lienz stammt, in Italien, dazu ein Super-Vertrag bis 2005 – ein Grund mehr für Markus Schopp, einmal kräftig die Tuba zu blasen.

in Antibes an der Cote d'Ázur urlaubte: *„Der Kollege ist eh' ein klasser Bursch!"* Den Grund der Sinneswandlung verhehlte Kartnig nicht: *„Der schenkt mir sogar 27 Klos für das neue Sturm-Trainingszentrum!"* Klos als Aufzahlung eines Millionentransfers. Geliefert wird nächsten Sommer. Ehrenwort unter neuen Präsidentenfreunden.

ADI UND EDI IN LONDON

NICHT NUR BEI FUSSBALLERN gibt es oft unerwartete Probleme, auch bei den Starreportern der diversen Radiosender aus dem Hause ORF. 1994 Wien-Marathon in der Nähe des Happel-Stadions, Ecke Vorgartenstraße: Martin Lang im „Radio Wien"-Sende-Reportagewagen unterwegs, verlor in einer Linskurve das Gleichgewicht, wollte zwei schnelle Schritte machen, fiel hin und aus dem Auto. Denn Lang machte zu der Zeit ein Interview von Auto zu Auto mit dem vorbeifahrenden Rennleiter Wolfgang Konrad – aber dann kam die Linkskurve, die Lang übersah. Und schon lag er auf der Straße, sammelte Konrad seine Unterlagen ein. Mit solchen „Einlagen" wird man bekannt.

ODER WIE ER 1996 beim Interview gleich nach Schlusspfiff des 0:2 von Rapid in der Champions League gegen Manchester United im Old Trafford von zwei „Bodyguards" mit baumelnden Füßen abgeführt wurde. Weil Radiointerviews laut den Champions League-Bestimmungen in der sogenannten „Mixed Zone" erst 20 Minuten nach Spielschluss gemacht werden dürfen und nicht sofort. Die „Bodyguards" trugen Lang weg, stellten ihn dreißig Meter von der Mixed Zone entfernt wieder ab. Das war vor fünf Jahren und nicht der erste Eklat dieser Art um Lang. Letztes Jahr konnte er schon die fünfzigste „Verhaftung" feiern.

ENGLAND zieht die Probleme an – davon können auch Edi und Adi ein Lied singen. Das sind Radio Wien-Sportchef Edi Finger junior und Ö 3-Sportchef Adi Niederkorn. Lange bevor sie sich durch ihre Reportage vom 0:9 gegen Spanien in Valencia 1999 auf Kosten der geprügelten Verlierer in die Herzen der Nation redeten, dann für „Tipp 3" Werbe-Kultfiguren wurden, hatten sie anlässlich der Europameisterschaft 1996 englische Probleme zu bewältigen.

„I HAVE A PROBLEM!" Das Hotel in London war relativ billig, die teuren Luxusherbergen der britischen Hauptstadt verkraftet das ORF-Budget nicht. Finger und Niederkorn sagten die Hotelzimmer nicht zu. Bett zu klein, überhaupt alles zu finster, zu mickrig oder sonst irgendetwas – sie wechselten die Gemächer fast im Stundentakt. Am ersten Abend hatte Finger ein Zimmer, in dem links die Toilette war und man rechts auf den Gang hinaus ging. Durch einen Zimmerwechsel am nächsten Tag war es umgekehrt. Nur hatte das Finger abends bei der Heimkehr, ausgelaugt von einem harten Arbeitstag oder noch etwas anderem, wieder vergessen. Er legte sich nieder, ging dann, als er irgendwann munter wurde, weil er den Druck auf der Blase spürte, wie in der Nacht vorher links vermeintlich auf die Toilette, hörte es dann aber plötzlich nur „klick" machen – in Wahrheit stand er um zwei

Uhr früh schlaftrunken und pudelnackert am Hotelgang. Was sonst anderes zu tun, als runter zur Rezeption. Im Adamskostüm näherte sich Edi dem Portier, sagte ihm gar nicht schuldbewusst, sondern recht forsch: *„I have a problem"*. Der antwortete ihm ganz „british cool" mit einem strengen Bild auf markante Stellen: *„I see"*. Aber statt Edi einen Ersatz-Zimmerschlüssel zu geben, führte ihn der Portier lieber selbst auf das Zimmer.

AUCH ADI WECHSELTE einige Male das Zimmer. Seine Eltern betrieben in Wien eine Putzerei, daher kennt er sich mit Putzereisachen sehr gut aus. Weiß, wie man Sakkos glättet: Die Badewanne heiß einlassen, das Sakko drüberhängen, der Dampf glättet wieder alles. Als Finger eines Nachmittags am Zimmer lag, via Handy mit seiner Frau in Wien telefonierte, sagte die ihm: „Du, ich hör' einen Feueralarm!" Finger: „Das dürfte bei uns im Hotel sein. Ich schau' einmal!" Nach einem Blick auf den Gang beruhigte er sie: „Du, das dürfte nichts Arges sein, red' ma ruhig weiter!" Aber da meldete sich schon Adi in seiner Not am Zimmertelefon.

Passiert war Folgendes: Adi hatte ein zerknittertes Sakko, dachte an die alte Regel aus der elterlichen Putzerei: Badewanne heiß einlassen, Sakko drüberhängen! Nur war Adi (böse Zungen behaupten, auf Grund der vorangegangenen Nächte mit Edi im Londoner Westend, in Wahrheit wegen der harten Arbeitsnächte durch die Abendspiele) etwas müde. Als er sich auf das Bett legte, schlief er sofort ein. Aber das Badewasser lief weiter. Der Endeffekt: Adis Zimmer stand 20 Zentimeter unter Wasser, der Feueralarm ging deshalb los, weil das heiße Wasser schon im Zimmer darunter durchkam. Und dann gab's noch einen infernalischen Schrei ....

Der Hotelmanager kam in Adis Zimmer gestürmt, brüllte den schlafenden Gast munter, drehte das Wasser ab, sagte zu Adi: *„Ziehen sie den Stoppel raus!"* Den hatte Adi nach alter Putzereiregel zugemacht, damit es mehr Dampf gibt. Da Adi trotz Halbschlaf noch wusste, wie heiß das Wasser war, folgte die typische Handbewegung in Richtung Hotelmanager: *„Bitte, das können doch auch Sie machen!"* Darauf krempelte der Hotelmanager Sakko und Hemd hoch, griff ins siedend heiße Wasser – den infernalischen Schrei hörte man im ganzen Hotel. Der ganze Schaden betrug umgerechnet 40.000 Schilling. Eine Sache für die Versicherung ...

tipp3
Heute platzieren, morgen kassieren!
Kassieren wie die Profis!
Ab sofort schaut's gut, ja sogar sehr gut aus. tipp3, die neue Sportwette mit täglichen Gewinnchancen ist da. Kombinieren Sie aus bis zu 90 heißen Fußballbegegnungen und kassieren Sie wie die Profis. Jetzt in Ihrer Lotto Annahmestelle.
AHA PUTTNERBATES

Johann K. im Wandel der Jahre

In jungen Jahren hing er nach seinem vierten Tor zum 4:0-Derby-Triumph Rapids gegen die Austria 1974 noch an der Latte. Gegen Ende der Karriere, als er dem Sportklub zum Aufstieg aus der mittleren Play-Off verhalf, begnügte er sich damit, das Trikot auszuziehen.

„Då legst di nieder!" Wenn Hans Krankl zu Beginn seiner Trainer-Karriere bei Rapid zum Jubel auf das Feld eilte, wurde es für den Torschützen, wie hier für den Norweger Jan-Age Fjörtoft, ungemütlich oder sogar gefährlich. Der Blick des Jung-Trainers (rechts oben) verrät innere Unruhe – zwölf Jahre später sieht er am Spielfeldrand schon wesentlich gelassener aus. Auch wenn derzeit bei Admira Mödling alles anders als nach Wunsch läuft.

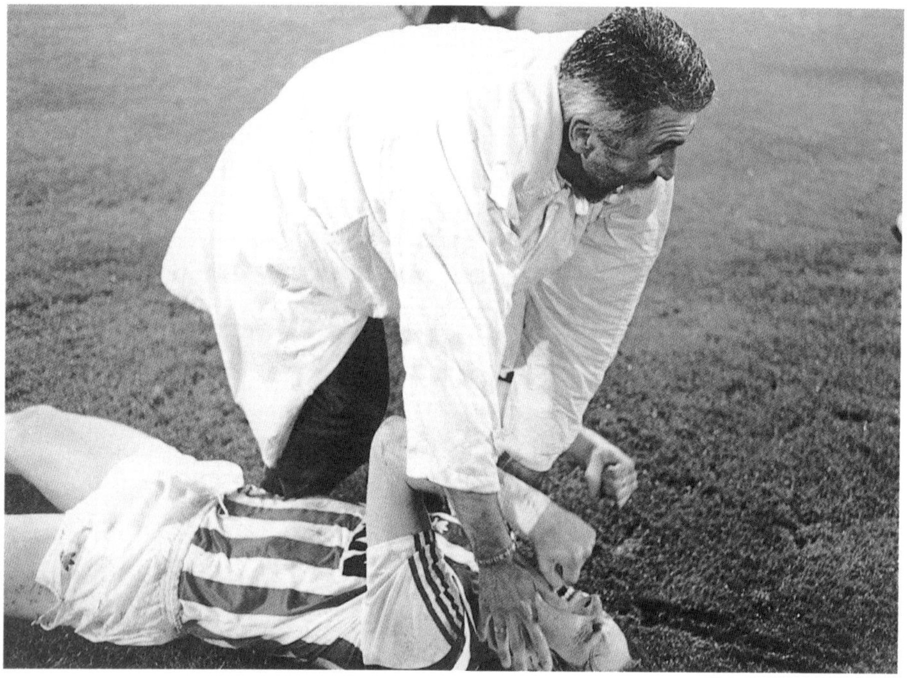

Die „Show"-Karriere begann mit einem Fehltritt, wie er heute selbst das Erstlingswerk „Ohne Ball und ohne Netz" einstuft. Im Laufe der Jahre wurde alles viel besser. Über den „Lonely Boy", die „Rostigen Flügel" mit Lukas Resetarits bis zu einem Überraschungsduett mit Rainhard Fendrich am 26. September 2001 in der Wiener Stadthalle. Da war er nervöser als vor jenem Match mit dem FC Barcelona im ausverkauften Nou Camp-Stadion. Aber es klappte alles. 10.000 Fans jubelten, als Fendrich und Krankl „Vü schöner is des G'fühl" zum Besten gaben.

NACHWORT

Jedes Jahr fährt Herbert Feurer am Heiligen Abend von Wien nach Aspang am Wechsel, um in seiner Heimatgemeinde mit der Familie Weihnachten zu feiern.
Auf der Südautobahn, Höhe Guntramsdorf, wählte er eine bekannte Nummer in Unterwalterdorf – Ernst Dokupil: „Ernstl, entschuldige die Störung am Heiligen Abend. Ich trau' mich nur, dich anzurufen, weilst' mein Freund bist. Ich hab' ein Problem. Kannst mir helfen, hast du auch an diesem Tag Zeit für mich?"
Darauf Dokupil: „Na klar, sag schon, was ist denn los?"
Darauf Feurer: „Ich brauch einen Esel für meine Krippe!"
Und legte nach dem Scherz am Heiligen Abend lieber rasch wieder auf ...

Als nächsten rief Herbert Feurer Hans Krankl an. Feurer: „Auch er hatte Zeit für mich!"

DANK AN:

Alle ehemaligen und jetzigen Spieler
Oskar Buschek
Manfred Ergott
Dieter Erla
Sandra Feurer
Mag. Alexander Strecha
Willi Sotsas
Christine Polesnig
Peter Linden
Ernst Hochhofer
Bertl Skalsky
Gaby Fröschl
Vroni Ramhapp
Andy Marek
Heimo Kraus
Wolfi Frey
Peter „Eisenfuß" Acs
Clemens Pieber
Mag. Philipp Newald
Funki jun.
Claudia Eichberger
Jonny
Rainer Fleckl
Buffy Ettmayer (ausbezahlt mit einem Kilogramm Burenwürsten)

FOTOS:

Sündhofer
Gradwohl
Perszem
Schorn
GEPA
Kernmayer
Birbaumer
Judt
Hofer
Szlezak

KARIKATUREN:

Hubert Schorn

Hubert Schorn (rechts), einer der Großmeister der Karikaturen, mit einem der Großmeister des internationalen Fußballs, Portugals lebende Legende Eusebio (links).

Bis Redaktionsschluss nicht eruierbare Rechte-Inhaber mögen sich mit dem Autor in Verbindung setzen.